Traugott Lucke

Das Alleinstellungsmerkmal des Protestantismus und die Ökumene

Traugott Lucke

Das Alleinstellungsmerkmal des Protestantismus und die Ökumene

Fromm Verlag

Imprint
Any brand names and product names mentioned in this book are subject to trademark, brand or patent protection and are trademarks or registered trademarks of their respective holders. The use of brand names, product names, common names, trade names, product descriptions etc. even without a particular marking in this work is in no way to be construed to mean that such names may be regarded as unrestricted in respect of trademark and brand protection legislation and could thus be used by anyone.

Publisher:
Fromm Verlag
is a trademark of
International Book Market Service Ltd., member of OmniScriptum Publishing Group
17 Meldrum Street, Beau Bassin 71504, Mauritius

Printed at: see last page
ISBN: 978-613-8-35958-6

Traugott Lucke

500 Jahre Reformation

Das Alleinstellungsmerkmal des Protestantismus und die Ökumene

Inhalt

Vorwort

Wenn Menschen von prächtigen katholischen Kirchen schwärmten, wenn sie begeistert von schönen katholischen Gottesdiensten und prachtvollen Gewändern erzählten, wenn sie beeindruckt waren von der universalen Dimension der katholischen Kirche, dann haben wir über viele Jahrzehnte trutzig und mit einem gewissen Überlegenheitsgefühl argumentiert:
"Das sind alles nur Äußerlichkeiten. Uns Evangelischen geht es nicht um Prunk, Papst, Maria und die Heiligen, sondern um die richtige Lehre. Denn für uns gilt ´Allein die Schrift, allein die Gnade, allein Christus, allein der Glaube!` Dieses vierfache Allein ist unser Alleinstellungsmerkmal."

Seit dem II. Vatikanischen Konzil ist, von vielen evangelischen Christen unbemerkt oder bewusst verdrängt, unser Alleinstellungsmerkmal abhanden gekommen.
Manche evangelische Theologen werden das bestreiten und auf die Lehrdifferenzen aus der Reformationszeit hinweisen, als würde Tetzel immer noch umherziehen und seine Ablaßbriefe verkaufen.
Andere evangelische Theologen sind dankbar, dass an dieser Stelle keine Gegensätze mehr vorhanden sind, die es in der krassen Form, wie es uns beigebracht wurde, in der katholischen Theologie allerdings so nicht gegeben hat.
Wieder andere ev. Christen fühlen sich narzisstisch gekränkt, weil die ev. Kirche kein Alleinstellungsmerkmal mehr besitzt. Diese aber werden nicht müde, die ökumenischen Verständigungsbemühungen als gescheitert zu erklären. Zugleich wird die Forderung erhoben, dass die katholische Kirche nun endlich bereit sein müsse, die evangelischen Ämter anzuerkennen, damit einer gemeinsamen Abendmahlsfeier nichts mehr im Wege steht.
Auffallend ist, dass diese wortführende Gruppe kaum etwas dafür tut, dass die Ergebnisse der ökumenischen Dialoge innerhalb der evangelischen Landeskirchen verbreitet und rezipiert werden.

Seit 90 Jahren, also seit der ersten Weltkonferenz von Lausanne, die vom 3. bis zum 21. August 1927 stattfand, gibt es ökumenische Gespräche mit guten Ergebnissen im Blick auf die Einheit der Kirche, die zunächst nur innerhalb aller nichtkatholischen Kirchen und seit dem II. Vatikanischen Konzil auch mit der Römisch-Katholischen Kirche geführt wurden.
Es wäre daher an der Zeit, dass die ev. Landeskirchen alles tun, damit die

Ergebnisse dieser ökumenischen Gespräche endlich ekklesiologische Bedeutung erlangen. Erst wenn diese Hausaufgabe erledigt ist, haben die ev. Kirchen das Recht, mit der katholischen Kirche über die Anerkennung der ev. Ämter zu sprechen. Solange aber die ökumenischen Gesprächsergebnisse weiterhin ein archivarisches Leben fristen und darum für die allermeisten ev. Christen unbekannt bleiben, gilt für uns das Wort Jesu:

"Du Heuchler! Zieh zuerst den Balken aus deinem Auge, dann kannst du zusehen, den Splitter aus dem Auge deines Bruders herauszuziehen!" (Mt 7,5)

Kardinal Kasper forderte deshalb zu recht:

"Statt deren Ergebnisse (sic. der ökumenischen Gespräche) *in Regalen verstauben zu lassen, sollte man sie amtlich zur Kenntnis nehmen."*

(U.Wilckens/W.Kasper Weckruf Ökumene, Freiburg 2017, S.64).

Eine Rezeption der Ergebnisse der ökumenischen Gespräche würde auch einen großen geistlichen Gewinn bringen. Denn das Ziel der Ökumene kann ja nicht nur ein formaler Akt gegenseitiger Anerkennung sein. Es geht schließlich um Versöhnung, und die kann nur gelingen, wenn die Liebe zu Christus wächst. Allein diese Liebe zu Christus kann Machtstreben, fleischliches Beharren auf überholten theologischen Positionen und den theologisch getarnten Narzissmus überwinden, damit der Weg frei wird, um die Einheit der Kirche in versöhnter Verschiedenheit gestalten zu können.

Nun gibt es an der kirchlichen Basis ein wachsendes Unverständnis und ein Unbehagen sowie eine grundsätzliche Interesselosigkeit gegenüber den Lehrfragen, mit denen sich die ökumenischen Gremien befasst haben und befassen. Zuweilen wird geradezu darauf gedrängt, diese Gespräche zu beenden und sich statt dessen den heutigen Problemen zuzuwenden.

Für viele Christen ist es egal, was die Konfessionen zB über die Gegenwart Jesu in der Feier des heiligen Abendmahls lehren. Sie wollen einfach nur am Mahl der anderen Kirche teilnehmen dürfen und können nicht verstehen, dass das nicht ohne weiters geht.

Dieses Drängen der Basis ist verständlich, weil es schon viele Dokumente wachsender Übereinstimmung zwischen den Kirchen gibt, die eine Kirchentrennung theologisch nicht mehr rechtfertigen. Aber ohne eine ekklesiologische Rezeption der Ergebnisse dieser ökumenischen Gespräche kann die Spaltung der Christenheit nicht wirklich überwunden werden.

Denn wie im "normalen" Leben können zwar Konflikte zwischen den Konfessionen verdrängt werden. Aber sie brechen immer wieder in

bestimmten Situationen hervor, weil sie nicht bearbeitet wurden.
Es ist darum eine Illusion, die Lehrstreitigkeiten einfach als erledigt zu bezeichnen, nur weil es viele neue Herausforderungen für uns Christen gibt. Beispielsweise kann ein evangelischer Christ vollmundig erklären, dass die theologischen Streitigkeiten für ihn und für die vielen heutigen Menschen als Theologengezänk gegenstandslos sind. Wenn er aber dann im katholischen Gottesdienst Formulierungen hört wie: *"... ich glaube an die heilige katholische Kirche...", "... wir bitten dich für unseren Papst...", " ... in Gemeinschaft mit der seligen Jungfrau und Gottesmutter Maria..."*, dann ist er plötzlich "urevangelisch" und spürt eine starke innere Abwehr.
Wenn aber die alten Konflikte ekklesiologisch bearbeitet werden, verlieren sie ihre trennende Wirkung. Dadurch haben wir dann die geistliche Kraft, uns den heutigen drängenden Problemen zuzuwenden. Dabei denke ich beispielsweise an die sukzessive Zerstörung von Ehe und Familie, an die wachsende Unverbindlichkeit menschlicher Beziehungen, an die Infragestellung durch den Islam und an die Gefährdung unserer Lebensgrundlagen und an den Machbarkeitswahn.

Wir haben aber nicht mehr viel Zeit, um die alten Konflikte ekklesiologisch zu überwinden. Denn die Gefahr, von den heutigen Problemen überrollt zu werden, ist groß. In dieser Hinsicht ist das Drängen der Basis, nicht mehr bei den alten Streifragen stehenzubleiben, mehr als berechtigt.
Aus diesem Grund sollten also die Verantwortlichen für die Leitung der ev. Kirchen dafür Sorge tragen, dass die ökumenischen Übereinstimmungen als Voraussetzung für die Lösung heutiger Probleme endlich ekklesiologisch verbindlich rezipiert werden.
Eine solche Rezeption setzt einen geistlichen Weg voraus, nämlich den einer inneren Versöhnung mit der jeweils anderen theologischen Position,
wie es in den 1970er Jahren der Gründer der Kommunität von Taizé, frère Roger, betont hatte. Dieser innere Weg bedeutet, das innere Anliegen einer anderen theologischen Meinung zu verstehen. Bei den Sachverhalten aber, die uns in eine innere Abwehr versetzen, ist es wichtig sich klar zu machen, dass das, was mich bei anderen stört, immer auch mit mir zu tun hat. Das gilt entsprechend für theologische Streitfragen.
Also müssen wir immer wieder in uns gehen und im Gebet Christus um Erkenntnis bitten. Denn ohne das Gebet werden jene Mächte in uns, die ihre diabolische Freude am theologisch getarnten Narzissmus, an theologischer Rechthaberei und an einer heimlichen Verachtung der ökumenischen Arbeit

haben, nicht überwunden.
Der Weg zu einer vertieften Ökumene kann also nur durch ein geistliches Leben gelingen, so wie Bischof i.R. Wilckens und Kardinal Kasper es formuliert haben:
Es sei wichtig, *"... wenn die Christen beider Konfessionen vor Ort regelmäßig zusammen kämen, um ihren Glauben zu vertiefen und sich gegenseitig im Glauben zu bestärken ... All dies erfordert die Hilfe des Heiligen Geistes. Sein Wirken ist zwar wunderbar, aber sein Wille, seine Kirche konkret zu einen, ist unwiderstehlich.*
So wird aus dem ökumenischen Weckruf das ökumenische Gebet:
Veni, creator Spiritus! Ja, komm, Heiliger Geist!"
(Wilckens/Kasper, Weckruf Ökumene, S.157f)
Bereiten wir darum Christus durch unser Gebet immer wieder neu den Weg!

1. Das Alleinstellungsmerkmal des Protestantismus

Kommen wir nun zu den evangelischen Kriterien für den rechten christlichen Glauben, die als das Alleinstellungsmerkmal das Wesen des Protestantismus ausmachen.

1.1. Allein die Schrift

Sehr viele Protestanten betrachten dieses theologische Kriterium für die rechte christliche Lehre als die größte Differenz zur katholischen Kirche. Denn für letztere gilt, so die protestantische Meinung, nicht nur die Schrift, sondern auch die Tradition als wichtige Grundlage für die Lehrbildung. Darum ist in unserem konfessionellen Gedächtnis das klassische Beispiel gespeichert, dass Martin Luther immer argumentiert hat:

"Wenn ich mit Worten der Schrift und Vernunftgründen widerlegt werde, dann bin ich bereit zu widerrufen."

So ist für uns Martin Luther der erste überzeugende Verfechter für das protestantische Prinzip "Allein die Schrift" geworden.

Wenn man aber näher hinschaut, führt die Berufung auf die Bibel nicht von vornherein zum Konsens, denn sie kann unterschiedlich ausgelegt werden. Zum Beispiel beriefen sich die Vertreter der Erwachsenentaufe, von den Reformatoren als Wiedertäufer bezeichnet, auch auf "Allein die Schrift" und kamen in der Tauffrage zu einem anderen Ergebnis als Martin Luther. Luther hat die täuferische Auslegung des NT, dass der Taufe eine Glaubensentscheidung vorausgehen muss, bekämpft, obwohl in Mk 16,16 die Reihenfolge eindeutig definiert ist:

"Wer glaubt und sich taufen lässt, wird gerettet werden; wer aber nicht glaubt, wird verurteilt werden."

Dennoch ist und bleibt die Schrift die wichtigste geistliche Grundlage, um Glaubenslehren zu definieren. "Allein die Schrift" ist deshalb ein grundlegendes theologisches Prinzip. Wenn aber ungeklärt bleibt, wer oder welches kirchliche Gremium im Streitfall entscheidet, kann eine unterschiedliche Auslegung der Schrift zu Kirchenspaltungen führen, was sich auch in den vielen freien evangelischen Gemeinden manifestiert.

Doch kommen wir nun konkret zu "Allein die Schrift".

Die kath. Kirche hat, so denken viele evangelische Christen, hier einen großen Nachholebedarf, denn sie lehrt die Gleichwertigkeit der Tradition mit der Hl. Schrift.

Das Problem dabei ist ein unterschiedliches Verständnis des Traditionsbegriffs. Wir Evangelischen verstehen unter der Tradition die theologische Auslegung der Schrift als Norma Normata/Normierte Norm, wie sie z.B. durch die Konzilien oder durch die lutherischen Bekenntnisschriften erfolgt ist. Darum ist es für uns theologisch ungeheuerlich, wenn Schrift und Tradition als gleichwertig angesehen werden.
Wenn es sich so verhielte, wäre unsere Kritik berechtigt. Doch dem ist nicht so. Denn schon das katholische Reformkonzil von Trient hat im Dekret vom 8.4.1546 über Schrift und Tradition gesagt:
"... dass die Wahrheit und die Zucht (= Ethik) *in geschriebenen Büchern* (der Bibel) *und in ungeschriebenen Überlieferungen enthalten ist, die aus dem Munde Christi selbst von den Aposteln aufgenommen oder von den Aposteln selbst unter Eingebung des heiligen Geistes gleichsam von* Hand *zu Hand überliefert worden und so bis auf uns gekommen sind..."*
(Bachmann, Die wichtigsten Symbole der reformierten und katholischen Kirche, S.142)
Tradition wird also in der kath. Kirche nicht wie in der ev. Kirche als die kirchliche Lehrverkündigung verstanden, sondern als Teil der Botschaft Jesu bzw. Lehre der Apostel, die nicht aufgeschrieben wurde.
Begründet wird diese ungeschriebene Botschaft mit dem Johannesevangelium:
"Es gibt aber noch vieles andere, was Jesus getan hat. Wenn man alles einzeln aufschreiben wollte, so könnte, wie ich glaube, die ganze Welt die dann geschriebenen Bücher nicht fassen." (Joh 21,25)
"Wenn aber jener kommt, der Geist der Wahrheit, wird er euch in der ganzen Wahrheit leiten." (Joh 16,13)

Anzumerken ist folgendes.
Es kann diese ungeschriebene Tradition gegeben haben. Schließlich finden sich in den Schriften der theologischen Väter vereinzelt Jesuszitate, die nicht im NT stehen. Weil jedoch im NT alles zu finden ist, was uns zum Heil dient, kann diese ungeschriebene Tradition nichts enthalten, was dem NT widerspricht. Denn die Alte Kirche hat bei der Frage, welche Schriften ins NT aufgenommen werden und welche nicht, klar entschieden, welche Inhalte als normierende Norm für die kirchliche Lehre Geltung haben.

Die kath. Kirche ist aber beim Konzil von Trient nicht stehen geblieben.
In der 8. Sitzung des II. Vatikanischen Konzil heißt es über die göttliche Offenbarung:
"Das Lehramt ist nicht über dem Wort Gottes, sondern dient ihm, indem es nichts lehrt, als was überliefert ist, weil es das Wort Gottes aus göttlichem Auftrag und mit dem Beistand des Heiligen Geistes voll Ehrfurcht hört, heilig bewahrt und treu auslegt und weil es alles, was es als von Gott geoffenbart zu glauben vorlegt, aus diesem einen Schatz des Glaubens schöpft."
(Neuner-Roos, Der Glaube der Kirche, S.108 /8.Sitzung 1965 des II. Vat. Konzils, Über die göttliche Offenbarung).
Und im Vorwort zur neuen Einheitsübersetzung wird klipp und klar über die Bibel gesagt:
"Sie ist Richtschnur für die kirchliche Lehre."

"Allein die Schrift" ist also nicht mehr Alleinstellungsmerkmal des Protestantismus, sondern gilt selbstverständlich auch für die katholische Kirche. Strittig zwischen den Konfessionen ist, **wer** die Schrift mit **welcher** Verbindlichkeit auslegt. Für die kath. Kirche sind es der Papst, die Gemeinschaft der Bischöfe und die Glaubenskongregation. Ebenso sind die Kirchenväter und andere wichtige Theologen für die Auslegung mit einzubeziehen, wie auch der Glaubenssinn der Gläubigen.

1.2. Allein die Gnade

"Allein die Gnade" galt neben der Heiligen Schrift als typisches Alleinstellungsmerkmal des Protestantismus.
Noch immer sind viele ev. Christen davon überzeugt, dass die katholische Kirche der Meinung ist, dass der Mensch sich die Gnade durch gute Werke verdienen kann.
Dass es zur Zeit Luthers diese theologische Meinung gab, ist unbestritten.
Auch hat der Ablasshandel eine falsche Auffassung von der Gnade in einer Weise verstärkt, die selbst Gegner Luthers als unchristlich betrachtet haben.
Darum stimmt es nicht, dass alle theologischen Gegner von Luther "allein die Gnade" bestritten hätten.
Der von Luther zu Unrecht gescholtene Erasmus von Rotterdam hat in seiner Schrift "Vom freien Willen" ohne jede Polemik gegen Luther keine Werkgerechtigkeit vertreten. Er hat vielmehr ausschließlich biblisch argumentiert - also gemäß dem Kriterium "Allein die Schrift".
Allerdings hat er nicht wie Luther Rechtfertigung und Heiligung als zwei getrennte Vorgänge betrachtet, sondern als ein einziges Geschehen:

"Da aber jedes Geschehen drei Teile hat, nämlich Anfang, Fortschritt und Vollendung, gehören der erste und der letzte nach dieser Auffassung der Gnade, während dem freien Willen nur beim Fortschritt eine Möglichkeit zu wirken gelassen wird, doch so, daß im gleichen unteilbaren Werk zwei Ursachen zusammentreffen: die Gnade Gottes und der Wille des Menschen, und zwar so, daß die Gnade die Hauptursache ist und der (menschliche) Wille Nebenursache, die ohne jene nichts vermöchte, während die Hauptursache sich selbst genügen würde..."
(Erasmus von Rotterdam, Vom freien Willen, S.95)

Rechtfertigung und Heiligung als ein einziges Geschehen zu lehren, und nicht wie Luther, als zwei getrennte Vorgänge aufzufassen, ist ein Kennzeichen der katholischen Theologie.
Das Konzil von Trient hat in der 6. Sitzung 1547 erklärt:
"Bei den Erwachsenen muss der Anfang der Rechtfertigung von der zuvorkommenden Gnade Gottes durch Christus Jesus ausgehen, d.i. von seinem Ruf, durch den sie ohne irgendein vorliegendes Verdienst gerufen werden." (Neuner-Roos, S.500)
Bei diesem Geschehen, bei dem *"... Gott das Herz des Menschen trifft durch das Licht des Heiligen Geistes, bleibt also einerseits der Mensch nicht ganz untätig, denn er nimmt ja jene Eingebung auf, die er auch ablehnen könnte; andererseits kann er sich doch nicht aus freiem Willen heraus ohne die Gnade Gottes zur Gerechtigkeit vor ihm erheben."*
(Neuner-Roos, S.500f)
Es geht hier um die Dialektik, dass der Mensch sich der Gnade gegenüber verweigern kann, - eine Erfahrung, die uns heutigen Christen sehr vertraut ist -, dass aber die Gnade dennoch ungeschuldet ist und der Mensch sie sich darum nicht durch gute Werke verdienen kann.

Über die guten Werke hat das Konzil von Trient gesagt:
"Denn Christus Jesus selbst lässt unaufhörlich in die Gerechtfertigten seine Kraft einströmen, als Haupt in die Glieder (Eph 4,15) und als Weinstock in die Rebzweige (Joh 15,5). Diese Kraft geht stets ihren Werken voraus, begleitet sie und folgt ihnen nach, und ohne sie könnten sie in keiner Weise Gott genehm und verdienstlich sein." (Neuner-Roos S.511)

Die klare Aussage des Konzils von Trient über die ungeschuldete Gnade (also "Allein die Gnade") wurde evangelischerseits nicht wahrgenommen. Ein Grund dafür war sicher, dass das Konzil sehr selektiv aus Werken

evangelischer Theologen Aussagen zur Rechtfertigungslehre ausgewählt und verurteilt hat.
Für Karl Barth *(Kirchliche Dogmatik IV/1, S.699)* kam der entscheidende Dissens in der Rechtfertigungslehre zwischen der evangelischen und der katholischen Kirche in folgender Verwerfung des Konzils von Trient zum Ausdruck:
"Wer behauptet, der rechtfertigende Glaube sei nichts anders als ein Vertrauen auf die göttliche Barmherzigkeit, die um Christi willen die Sünden erläßt, oder derselbe sei ein bloßes Vertrauen, durch das wir gerechtfertigt werden, der sei gebannt." (Kan. 12, Ph. Bachmann, Symbole, S.161)

Kanon 12 des Trienter Konzils ist Ausdruck für die Sorge, dass es zu einer geistlichen Trägheit kommen kann, wenn Rechtfertigung und Heiligung nicht als ein einziger Vorgang angesehen wird. Denn dann können die guten Werke für das Leben als Christ zur rein fakultativen Angelegenheit werden. Das protestantische Anliegen hingegen ist von der Sorge motiviert, dass es zur Selbstgerechtigkeit bzw. zur Werkgerechtigkeit letztlich kommen kann, wenn Rechtfertigung und Heiligung als ein einziger Vorgang verstanden wird. Inzwischen gibt es auch hier einen Konsens zwischen der evangelischen und der katholischen Kirche. In der "Gemeinsamen Erklärung zur Rechtfertigungslehre" des Lutherischen Weltbundes und der Katholischen Kirche" von 1999 heißt es u.a.:
"Gemeinsam bekennen wir: Allein aus Gnade im Glauben an die Heilstat Christi, nicht auf Grund unseres Verdienstes, werden wir von Gott angenommen und empfangen den Heiligen Geist, der unsere Herzen erneuert und uns befähigt und aufruft zu guten Werken." (in: DwÜ, Bd.3, S.423)
Und Papst Franziskus hat in seiner Enzyklika "Die frohe Botschaft Jesu" bekräftigt:
"Das Heil, das Gott uns anbietet, ist ein Werk seiner Barmherzigkeit. Es gibt kein menschliches Tun, so gut es auch sein mag, das uns ein so großes Geschenkt verdienen ließe." (Die frohe Botschaft Jesu, Leipzig o.J. (2012), S.70)

Wie der Mensch als ein von Gott Gerechtfertiger charakterisiert werden soll, wird zwischen der ev. und der kath. Kirche unterschiedlich akzentuiert.
Die luth. Theologie betont, dass der Christ ein Gerechter und ein Sünder zugleich ist, um deutlich zu machen, dass der Christ immer wieder schuldig wird und darum auf die Gnade Gottes angewiesen bleibt:
"Wenn wir sagen, dass wir nicht gesündigt haben, machen wir ihn zum Lügner und sein Wort ist nicht in uns." (1.Joh 1,10)

Für die kath. Theologie drückt die Formulierung "Zugleich Gerechter und Sünder" nicht angemessen aus, dass der Christ kein Mischwesen, sondern ein neuer Mensch ist, wie Paulus schreibt:
"Unser alter Mensch wurde mitgekreuzigt, damit der von der Sünde beherrschte Leib vernichtet werde, so dass wir nicht mehr Sklaven der Sünde sind. Denn wer gestorben ist, der ist frei geworden von der Sünde... So begreift auch ihr euch als Menschen, die für die Sünde tot sind, aber für Gott leben in Christus Jesus." (Röm 3, 6+11)
"Wenn also jemand in Christus ist, dann ist er eine neue Schöpfung: Das Alte ist vergangen, siehe, Neues ist geworden." (2. Kor 5,17).
"Seid ihr nun mit Christus auferweckt, so strebt nach dem, was oben ist, wo Christus zur Rechten Gottes sitzt! Richtet euren Sinn auf das, was oben ist, nicht auf das Irdische. Wenn Christus, unser Leben, offenbar wird, dann werdet auch ihr mit ihm offenbar werden in Herrlichkeit." (Kol 3,1-4)

An Stelle von "Zugleich Gerechter und Sünder" verwendet die kath. Theologie darum den Begriff concupiscentia, d.h. Begehrlichkeit, um deutlich zu machen, dass der Christ die Fähigkeit zum Sündigen in sich trägt und darum immer wieder schuldig wird und deshalb auf die Gnade Gottes angewiesen bleibt. Er wird aber nicht automatisch Sünder im Sinne von "zugleich Sünder und Gerechter", sondern muss in die Sünde einwilligen. Gäbe es den Automatismus zum Sündigen, hätte die Taufe keine Gnadenwirkung.
Aus allen bisherigen Erörterungen geht klar hervor:
"Allein die Gnade" ist nicht mehr ein Alleinstellungsmerkmal des Protestantismus.

1..3. Exkurs: Wie bekomme ich einen gnädigen Gott?

Die Frage Luthers "Wie bekomme ich einen gnädigen Gott?" wird oft nicht kritisch hinterfragt.
Diese Frage stellt ein Christ, der als Ungläubiger getauft wurde und sich als Christ ohne klare Entscheidung für den Glauben erlebte. Zudem gab es in seiner Zeit ein oberflächliches Christentum, geprägt von Ängsten vor Sünde, Fegefeuer, Hölle, Hexen, Teufel und Weltuntergang. Um diese Ängste zu überwinden, bot Kirche eine einfache Lösung für die breite Masse an, nämlich das lukrative Geschäft des Ablasswesens. Es war eine Lösung, die, zwar weit entfernt von der Botschaft Jesu, einfach zu handhaben war und obendrein viel Geld einbrachte.
Durch Luthers Eintritt ins Erfurter Augustinerkloster kam er in eine andere

Welt, in der vieles für ihn neu war, z.B. ein dem Evangelium gemäßes Leben und die große Bedeutung der Bibel. Als ehrgeiziger Mensch wollte Luther das christlich-oberflächliche Leben hinter sich lassen und Gott gemäß leben. Darum hat er die Bibel verschlungen und sich kasteit. Sein Beichtvater Staupitz aber hat ihm den Weg zur Erkenntnis der Gnade und Barmherzigkeit gewiesen, so dass er zur Erkenntnis der rechtfertigenden Gnade kam. (s. Volker Leppin, Martin Luther),

Später hat Luther unterschlagen, dass er schon im Augustinerkloster zur Erkenntnis der Rechtfertigung "allein aus Glauben" gekommen ist. Um seinen Bruch mit der Kirche zu rechtfertigen, hat er darum seine Zeit im Kloster als "... *Dem Teufel ich gefangen lag* ..." (EG 341,2) charakterisiert. In Wirklichkeit war er nicht dem Teufel gefangen, sondern einfach unbekehrt. Das aber hat merkwürdiger Weise nicht zu einer Kritik der Kindertaufe geführt, obwohl er sonst ja vieles in der Kirche des Abendlandes kritisch hinterfragt hat.

Seine Taufe am 11. November 1483 in der Petrikirche zu Eisleben war die Aufnahme in die Gemeinschaft mit Gott und Seiner Kirche und bedeutete darum, dass er gerechtfertig wurde. Die Frage wäre darum nicht gewesen "Wie bekomme ich einen gnädigen Gott?", sondern "Wie kann ich ein Leben in der Heiligung gestalten?".

Im NT gibt es nun viele Stellen, die zum christlichen Handeln auffordern.

Dabei ist nie außer acht gelassen, dass mit Gottes Hilfe sich der Christ in seinem Glauben bewährt. Aber es geht immer auch um ein menschliches Handeln. Luther hat also im Kloster als getaufter Christ die Aufforderung zur Heiligung missverstanden, nämlich als einen menschlichen Weg zur Erlangung des Heils. Staupitz ist es dann gelungen, Luther von diesem Irrtum zu befreien. Luther hat aber nicht darüber reflektiert, wieso er als Getaufter sich als ein Nicht-Gerechtfertigter erlebt hat. Er hätte im Nachhinein zur Erkenntnis kommen müssen, dass es um die Heiligung ging. Dieser Erkenntnis hat er sich aber verweigert und seine Zeit im Kloster als menschlichen Weg zur Erlangung der Gnade interpretiert.

Im Grunde genommen impliziert Luthers Frage "Wie bekomme ich einen gnädigen Gott?" auch ein Überdenken der Taufpraxis.

Durch sein Lied "Nun freut euch, lieben Christen gmein" wurden Generationen von ev. Christen auf den Dualismus "Kath. Kirche gleich Werkgerechtigkeit" und "Ev. Kirche gleich Freiheit" eingeschworen. Die Brisanz der Frage als Getaufter "Wie bekomme ich einen gnädigen Gott?" im Blick auf die Kindertaufe konnte darum nicht erkannt werden.

Luthers Interpretation seiner Zeit im Kloster als Werkgerechtigkeit hat auch dazu geführt, dass der Lohngedanke im NT in der ev. Kirche immer sofort verdächtigt wurde, Werkgerechtigkeit zu sein, obgleich Jesus z.B. in Mt 5,12 sagt:

"Selig seid ihr, wenn man euch schmäht und verfolgt und alles Böse über euch redet um meinetwillen. Freut euch und jubelt: Denn euer Lohn wird groß sein Himmel."

Die protestantische Scheu, vom Lohn im Himmel zu sprechen, ist darum genau so falsch wie eine Rede, die nicht klar zum Ausdruck bringt, dass Lohn der bereits aus Glauben Gerechtfertigte erhält.

Allerdings gibt es eine wichtige "Öffnungsklausel", die uns Christen zugleich demütig sein lässt, weil es im Gleichnis vom großen Weltgericht heißt:

"Was ihr für einen meiner geringsten Brüder getan habt, das habt ihr mir getan." (Mt 25,40)

und (!):

"Was ihr für einen dieser Geringsten nicht getan habt, das habt ihr auch mir nicht getan." (Mt 25, 45).

.1.4. Allein Christus

Die Kritik der Reformatoren im Blick auf ein falsches Verständnis der Gnade entzündete sich u.a. an der Vergebungsformel in der Beichte.

Weit und breit benutzt man diese Absolutionsformel:

"´Das Leiden unseres Herrn Jesus Christus, die Verdienste der allerseligsten Jungfrau Maria und aller Heiligen mögen dir zur Vergebung der Sünden gereichen.`"

(Apologie Art. XXI, in: Evangelische Bekenntnisse, Bd.1, S.249)

Diese theologische Gleichstellung des Heilshandelns Christi mit den Verdiensten Marias und der Heiligen wurde von den Reformatoren zurecht kritisiert. Denn damit wurde Christus seiner Ehre beraubt.

Der Gegenseite war es darum ein großes Anliegen, hier Klarheit in den eigenen Reihen zu schaffen.

So sagt das Konzil von Trient über die Verdienstursache der Gnade in der 6. Sitzung 1547:

"Verdienstursache aber ist sein geliebter einziggeborener Sohn, unser Herr Jesus Christus, der uns, da wir Feinde waren, aus übergroßer Liebe, mit der er uns liebte (Eph 2,4), durch sein heiligstes Leiden am Kreuzesholz die Rechtfertigung verdiente und für uns Gott dem Vater genugtat." (Neuner-Roos, S. 502)

Diese Aussage des Konzils von Trient betont inhaltlich das "Allein Christus". Und der ehemalige Präfekt der Glaubenskongregation, Gerhard Ludwig Müller, hat in seiner kath. Dogmatik festgehalten:

"Die Gerechtigkeit, durch die Gott uns gerecht macht in seiner freien Gnade, kommt in Jesus Christus zu den Menschen. Ihn hat Gott für uns zur Sünde gemacht (2 Kor 5,21). In seinem Blut, d.h. im Gehorsam bis zum Tod am Kreuz (Phil 2,8), hat Christus jene Sühne geleistet, die die gnädige Zuwendung Gottes zum Menschen und die Annahme Gottes im Bundesgehorsam ermöglicht. Durch seinen stellvertretenden Gehorsam ist Christus zum Ursprung der Befähigung aller geworden, die Heilsgnade im Geist ins Herz aufzunehmen."

(Gerhard Ludwig Müller, Katholische Dogmatik, S.779)

Die oben in der Apologie, Art. XXI, erwähnte Absolutionsformel gibt es nicht mehr in der katholischen Kirche. Sie lautet vielmehr:

"Gott, der barmherzige Vater, hat durch den Tod und die Auferstehung seines Sohnes die Welt mit sich versöhnt und den Heiligen Geist gesandt zur Vergebung der Sünden. Durch den Dienst der Kirche schenke er dir Verzeihung und Frieden. So spreche ich dich los von deinen Sünden im Namen das Vaters und des Sohnes + und des Heiligen Geistes."

(Gotteslob, Leipzig 2013, Nr.594/S.686)

Aus allem folgt:

"Allein Christus" ist also auch nicht mehr strittig zwischen der evangelischen und der katholischen Kirche.

1..5. Allein der Glaube

Aus den drei vorhergehenden Erörterungen ist schon deutlich geworden, dass auch für die katholische Kirche "Allein der Glaube" gilt.

Die Werke sind Folge des Glaubens, aber keine Möglichkeit des Menschen, sich die Gnade zu verdienen. Aus diesem Grund reicht ein Zitat aus der Dogmatik von Gerhard Ludwig Müller, um nachzuweisen, dass "Allein der Glaube" nicht mehr strittig ist:

"Nicht durch eine legalistische und auf Selbstrechtfertigung abzielende Erfüllung des Gesetzes, sondern durch den Glauben als ein reines Geschenk der Gnade werden wir gerecht. Wir leben aus dem Glauben aufgrund der freien Selbstverschenkung Gottes und der Mitteilung der Gerechtigkeit Gottes in Christus und im Geist (Röm 1,17)."

(Gerhard Ludwig Müller, Kath.Dogmatik, S.779)

1..6. Unser Alleinstellungsmerkmal und unser Defizit

Wir waren als evangelische Christen lange Zeit überzeugt, - manche sind es auch noch heute -, dass das "Vierfache Allein" unser geistliches Markenzeichen ist, das uns über die katholische Kirche erhebt.
Die Rechtgläubigkeit in der Lehre von der Rechtfertigung wurde als unser einzigartiges Kennzeichnen betrachtet.
Das "Vierfache Allein" wurde auch als Kompensation benutzt, wenn wir im Gegenüber zur katholischen Kirche unser eigenes Defizit spürten.
Nun aber können wir uns weder innerlich über die kath. Kirche erheben, noch können wir unser eigenes Defizit kompensieren. Das aber stellt ein großes Kränkungspotential dar für narzisstische Christen, insbesondere für jene, die in der ev. Kirche Entscheidungsträger sind. Wenn dieses Kränkungspotential geistlich nicht bearbeitet wird, bremst es jegliches ökumenisches Bemühen aus und macht aus dem Bekenntnis zur Ökumene Heuchelei.

Manche ev. Christen neigen nun dazu, auf Defizite und Skandale in der katholischen Kirche hinzuweisen, um so die eigene Kränkung zu überwinden. Das wird aber keinen geistlichen Gewinn bringen. (siehe Mt 7, 3.)
Außerdem dürfen wir Jesu Wort in seinen Abschiedsreden nicht ignorieren:
"Alle sollen eins sein: Wie du, Vater, in mir bist und ich in dir bin, sollen auch sie in uns sein, damit die Welt glaubt, dass du mich gesandt hast." *(Joh 17,21)*
An diesem Auftrag Jesu kommt kein Christ und keine Konfession vorbei.

Wir betonen immer sehr oft, dass Gott die Schwachen und die mit Defiziten Behafteten annimmt. Daraus folgt, dass wir die evangelische Freiheit haben, unsere eigenes Defizit als Schwachheit anzunehmen.
Unser Defizit betrifft jedoch nicht die Heilsvermittlung. Denn wer zum Glauben an Christus gekommen ist, darf unabhängig von seiner Konfession auf die Vollendung im Reich Gottes hoffen.

Johannes Paul II. hat in seiner Enzyklika "Ut unum sint" vom 25.5.1995 geschrieben:
"... Auch wenn sie nicht geschaut werden kann, ist die noch nicht volle Gemeinschaft unserer Gemeinschaften in Wahrheit fest zusammengefügt in der vollen Gemeinschaft der Heiligen, das heißt derjenigen, die, nachdem sie ihren irdischen Lebenslauf in Treue zur Gnade vollendet haben, in der Gemeinschaft mit dem verherrlichten Christus sind.

Diese Heiligen gehören zu allen Kirchen und kirchlichen Gemeinschaften, die ihnen den Zugang zur Gemeinschaft des Heiles erschlossen haben." (in: DH, Freiburg 2001, S.1516)

Worin besteht aber dann unser Defizit?
Unser evangelisches Defizit betrifft unsere Lehre von der Kirche.
Darum soll es im zweiten Teil gehen.

2. Überwindung des ekklesiologischen Defizits als Weg zur Einheit in versöhnter Verschiedenheit

2.1. Unser ekklesiologisches Defizit

In sehr vielen Erscheinungen zum Thema Ökumene wird immer wieder zurecht darauf hingewiesen, dass die Themen Kirche und Amt die eigentlichen theologischen Knackpunkte darstellen, die eine Einheit in Verschiedenheit behindern.
Evangelischerseits wird von einer Minderheit teils resigniert, teils mit klammheimlicher Freude, sofort gesagt, dass es hier wohl keine Einigung geben könne, weil nicht wir, sondern die katholische Kirche sich bewegen und uns als Kirche anerkennen müsse.
Hinter dieser Einstellung verbirgt sich die Weigerung, unsere Ekklesiologie kritisch wahrzunehmen.

Wolfgang Trillhaas hat 1961, also noch vor dem II. Vatikanischen Konzil, die evangelische Ekklesiologie zwar nicht als defizitär, sondern wie folgt charakterisiert:
"Verweilen wir noch etwas beim Kirchengedanken. Vor allem im Luthertum steht (weit mehr als im Calvinismus) von Anfang an das Bekenntnis zum kirchenorganisatorischen Minimum. Kirche ist, wo das Amt Wort und Sakrament einsetzungs- und stiftungsgemäß verwaltet und wo sich eine Gemeinde darum her versammelt ... Es gab zwar anfänglich einiges Schwanken in der Sache, solange die Möglichkeit einer Wiedervereinigung noch am Horizont war. Aber nach dem Scheitern der Reunionsversuche wurde dann doch die Frage der Wiederanschließung an die katholische Hierarchie negativ entschieden... "
(Wolfgang Trillhaas, Protestantisches Christentum, in: G.Günther/Hg., Die Großen Religionen, S.111)

Und er fügt noch hinzu, was zum ev. Allgemeingut gehört:
"Es ist nämlich hier eine zum Grundsätzlichen vertiefte Erfahrung aller Krisen - und Verfolgungszeiten der Kirche lebendig: das Erstaunen darüber, mit welchem Minimum von Organisation die Kirche Jesu Christi tatsächlich auskommen kann." (Trillhaas a.a.O., S.113)
Diese Meinung lautet in der saloppen Art:
"Dass es die ev. Kirche überhaupt noch gibt, ist ein Beweis für das Wirken des Heiligen Geistes in ihr."

In diesen Aussagen wird zum einen verdrängt, dass die Entstehung des historischen Bischofsamtes die Zerstörung der jungen Kirche durch Irrlehren und Synkretismus verhindert hat.
Zum anderen wird unterschlagen, dass durch die Reformation an Stelle der Machtfülle der Bischöfe die weltlichen Herrscher ev. Glaubens getreten sind und unter deren Obhut sich eine ev. Verwaltungsmacht entwickelt hat, welche die Kirchengemeinden zusammenhält.
Solange diese Verwaltungsmacht wirksam ist, kann man die Bedeutung des historischen Bischofsamtes ignorieren.

Wenn man wie Trillhaas über das Minimum von Organisation seitens der ev. Kirchen staunen kann, so muss man es konsequenter Weise auch hinsichtlich der kath. Kirche tun, dass nämlich trotz der Renaissance-Päpste, trotz Tetzel, trotz der Reformation und trotz verweltlichter Fürstbischöfe die katholische Kirche nicht untergegangen ist, sondern sich immer wieder geistlich erneuert hat!

Sehr einseitig ist auch das Folgende gedacht:
"Die Kirche kann durchaus eine rechtlich intakte, im bischöflichen Amte verkörperte Tradition besitzen und doch die Wahrheit des lauteren Evangeliums verlieren. Und sie kann das Evangelium in seiner Vollkraft in ihrer Mitte haben ohne die institutionelle Sicherung durch die kirchliche Tradition." (Trillhaas a.a.O., S.113)
Dem müsste aber hinzugefügt werden, dass auch eine Kirche ohne institutionelle Sicherung durch die kirchliche Tradition die Wahrheit des lauteren Evangeliums verlieren kann. Sonst kann der Eindruck entstehen, dass eine Kirche mit apostolischer Sukzession von vornherein zur Irrlehre neigt, während das Fehlen der apostolischen Sukzession die wahre Lehre garantiert.

Die Argumentation von Trillhaas verdrängt obendrein die Tatsache, dass es in der kath. Kirche das Reformkonzil von Trient und das Wirken von Reform-Orden gegeben hat, wodurch das Evangelium in der kath. Kirche neu zur Geltung gebracht wurde.
Das Minimum in der Ekklesiologie als großen Erfolg anzusehen, ist nur möglich, wenn die Zersplitterung des Protestantismus verdrängt und wenn, - wie schon erwähnt -, übergangen wird, dass letztlich die Verwaltungsmacht die ev. Landeskirchen zusammenhält.
Es gibt sogar eine ev. Mentalität, für die ein ekklesiologisches Defizit überhaupt nicht vorhanden sein kann, weil unausgesprochen Luther und die Reformation in ihren Aussagen über das Wesen der Kirche unfehlbar sind. Der Weg zu einer Einheit in versöhnter Verschiedenheit kann aber nur dann eingeschlagen werden, wenn wir unser Defizit nicht mehr leugnen.

2.2. Die Selbstauslegung der Schrift

Die ev. Kirche ist trotz Artikel XXVIII der Augsburger Konfession der Meinung, dass eine verbindliche Auslegung der Schrift durch Personen nicht nötig ist, weil sie sich selbst ausgelegt.
Dabei wird zwischen dem formalen und dem materialen Auslegungsprinzip unterschieden, wobei das formale Auslegungsprinzip die Berufung auf einzelne Bibelstellen ist, was oft als biblizistisch denunziert wird. Das materiale Auslegungsprinzip ist für die Bibelauslegung die Rechtfertigungslehre des Apostel Paulus, wie sie Luther verstanden hat. Für Luther hieß dieses Auslegungskriterium “Was Christum treibet”. Dieses Materialprinzip der Bibelauslegung macht nach dem ev. Verständnis eine Auslegung durch eine personale Autorität in der Kirche überflüssig.
Dabei wird übersehen, dass auch ein anderes Materialprinzip der Auslegung möglich und nötig wäre, nämlich die Botschaft Jesu, wie sie in der Bergpredigt überliefert wurde.
Die Entscheidung für das Materialprinzip ist immer eine personale Entscheidung. Daraus folgt, dass es die Selbstauslegung der Schrift ohne jegliche personale Autorität nicht geben kann.

Außerdem hat schon Hieronymus Emser gegenüber Martin Luther geltend gemacht hat, dass auch

"... die zentralen Dogmen und Lehren nicht in der Schrift stünden: die Wasser- und Kindertaufe, die Trinität, die Priesterweihe, dass Maria Gottesgebärerin gewesen sei. Der Heilige Geist habe diese Dogmen und Lehren in der Kirche bewirkt."
(F. Stengel, Sola scriptura im Kontext, S.55f)

Die Problematik der Selbstauslegung der Schrift zeigt sich, wie bereits erwähnt, in der Tauffrage, weil die Aussagen des NT unterschiedlich ausgelegt werden. Für die einen schließt das NT die Kindertaufe ein, für die anderen völlig aus.
Aber auch z.B. im Eheverständnis kommt die Lehre von der Selbstauslegung der Schrift an ihre Grenzen. (siehe 2.3.!)
Ein weiteres Beispiel soll zeigen, wie es zuweilen um das Kriterium "Allein die Schrift" steht.
Die "Gemeinsame Erklärung zur Rechtfertigungslehre" (GER) des Lutherischen Weltbundes und der Römisch-Katholischen Kirche von 1999 hat festgestellt, dass der Streit um die Rechtfertigungslehre, der im 16.Jahrhundert mit zur Kirchenspaltung geführt hat, überwunden ist.
Etwa 120 ev. Hochschullehrer haben die GER mit Argumenten aus der lutherischen Tradition und nicht mit Argumenten aus der Schrift abgelehnt, wie Ulrich Kühn festgestellt hat:
"Wie bereits erwähnt, wurde auffallenderweise in der evangelischen Kritik an der ´Gemeinsamen Erklärung zur Rechtfertigungslehre` weithin lediglich von der lutherischen Tradition und nicht von der Heiligen Schrift her argumentiert. Es wurde nicht berücksichtigt, dass sich schon von Paulus her, aber dann auch etwa im Lichte der synoptischen Tradition nicht einfach eine Bestätigung der reformatorischen Rechtfertigungslehre ergibt, sondern sich eine weiterführende Interpretation nötig macht."
(Ulrich Kühn, Zum evangelisch - katholischen Dialog, S.38).
Damit haben diese ev. Theologen die lutherische Tradition zur "Norma Normans" erhoben und sie der Hl. Schrift gleichgestellt, um die GER ablehnen zu können, was letztlich auch eine personale Entscheidung ist. Und das, obwohl die ev. Theologen nicht müde werden, vor allem auch bei kontroverstheologischen Fragen, die Einzigartigkeit der Autorität der Hl. Schrift hervorzuheben.

2.3. Die Selbstauslegung der Schrift und die "Ehe für alle"

Im Mittelalter war die Ehe lange Zeit ein weltlich Ding und wurde bei den Reichen und Mächtigen durch die Familien geschlossen. In den

Unterschichten lebten viele Menschen "so" zusammen, wie es heute bei vielen üblich ist. Gegen die Ehe als Sakrament gab es theologische Widerstände aus zwei Gründen. Zum einen wurde Sexualität als etwas Niederes betrachtet, was nicht zu einem Sakrament passt. Zum anderen wurde es abgelehnt, weil nicht der Priester das Sakrament spendet.
Erst rund 80 Jahre vor der Reformation wurde im Konzil von Florenz 1439 die Ehe endgültig zum Sakrament für die gesamte Kirche des Abendlandes erhoben. Damit wurde die flächendeckende kirchliche Trauung eingeführt.
Das bedeutet, dass die Reformatoren eine Situation vorgefunden haben, die durch das entstanden ist, was sie abgelehnt haben: Ehe als Sakrament.
Die Ablehnung der Ehe als Sakrament geschah in der Reformation mit dem Kriterium "Allein die Schrift", weil es im Gegensatz zur Taufe und zum Abendmahl z.B. keinen Trauauftrag durch Jesus gibt.
Im Jahr 2017 ist nun die Situation entstanden, dass das Verständnis der Ehe als Sakrament paradoxer Weise die Aussagen der Schrift über die Ehe als Gottes Mandat, nämlich als die Gemeinschaft von Mann und Frau in Liebe und Fruchtbarkeit, schützt. Denn kein Katholik oder Orthodoxer würde auf die Idee kommen, die Aussagen der Schrift über die Ehe als gültig auch für homosexuelle Partnerschaft auszulegen.

In seiner Stellungnahme vom 28. Juni 2017 zur Debatte über die "Ehe für alle" betont der Rat der EKD zwar:
"Die Bedeutung der Ehe zwischen Mann und Frau wird dadurch keineswegs geschmälert. Im Gegenteil - sie wird noch einmal unterstrichen."
("Stellungnahme des Rates der EKD zur Debatte über die ´Ehe für alle`", hg. v.d. Pressestelle der EKD)
Offen aber bleibt, welche biblischen Grundaussagen über die Ehe nicht geschmälert werden.
Weiter heißt es:
"Zur Frage der Ausgestaltung eines rechtlichen Rahmens gibt es in den evangelischen Landeskirchen wie in der weltweiten Kirche unterschiedliche Auffassungen, die auch weiterhin ihre Berechtigung haben werden." (a.a.O.)
Mit dem Begriff "Ausgestaltung eines rechtlichen Rahmens" wird der Streit um die rechte Auslegung der Schrift von einer theologischen Grundsatzfrage auf eine Ordnungsfrage herab gestuft. Damit umgeht der Rat der EKD die ganz entscheidende Frage, ob die Ehe ein Mandat Gottes hat oder nicht. Denn genau das ist strittig innerhalb der ev. Kirchen und nicht die rechtliche Gestaltung der Ehe. D.h. in dieser grundlegenden Problematik weicht der Rat der EKD einer echten theologischen Antwort aus und formuliert sehr vage, obgleich die Klarheit und die Selbstauslegung der Schrift in dieser

Angelegenheit nicht bezweifelt werden kann.
Man kann die Ehe mit den homosexuellen Partnerschaften nur dann gleichsetzen, wenn es lediglich um das rechtlich verbindliche Zusammenleben geht. Die Ehe aber besteht essentiell aus der Einheit von Liebe und Fruchtbarkeit, die es nur zwischen Mann und Frau gibt, siehe Gen 1,28, Gen 2,24 und Mt 19, 4-6!
Wer anderer Meinung ist, sollte ehrlicherweise offen sagen, dass für ihn die Selbstauslegung der Schrift für die biblischen Aussagen über die Ehe nicht mehr gilt, sondern dass er selber die Auslegungsinstanz in dieser Frage ist.

Die Problematik der Selbstauslegung der Schrift wurde z.B. auch deutlich bei einer Veranstaltung in der sächsischen Landeskirche.
Die Wochenzeitung "Der Sonntag" berichtete Mitte September 2017 über "400 Jahre Dorfkirche Sosa". (Ausgabe vom 17.9.2017, S.6) . Bischof Dr. Carsten Rentzing, der zu dieser Feier eingeladen war, sagte in der Gesprächsrunde zum Thema "Ehe für alle", dass die Gemeinschaft von Mann und Frau Gott gestiftet und die Ehe darum ein ganz klares Mandat Gottes habe. Er schränkte allerdings ein, dass dies kein offizielles Statement der Landeskirche Sachsens sei, weil es auch andere Meinungen über die "Ehe für alle" in der Landeskirche gäbe.
Auch hier wird deutlich, dass die Selbstauslegung der Schrift nicht zur geistlichen Einmütigkeit in grundlegenden theologischen Fragen führt.
Die Heilige Schrift als normierende Norm bedarf notwendiger Weise im Streitfall einer personalen Autorität, die bei ihrer Entscheidungsfindung die lange kirchliche Tradition als normierte Norm mit einbeziehen muss.

Die Einzigartigkeit der Ehe wird übrigens mit dem Begriff "Ehe für alle" auch nicht mehr eindeutig benannt. (s. Artikel von Johannes Röser, Ehe ist die Ehe, CIG vom 9.7.2017, S.311f)
Das allein müsste Menschen stören, die gelernt haben, mit Sprache umzugehen, und die durch das Studium der Theologie angeleitet wurden, Sachverhalte differenziert auszudrücken.

In der Argumentation der Befürworter der "Ehe für alle" wird auch die Tendenz, Grundaussagen des AT und NT als kulturell bedingte Aussagen zu relativieren, sehr deutlich. Damit wird das Kriterium "Allein die Schrift" ausgehebelt.

Natürlich muss man bei der Auslegung immer auch die Kulturanthropologie beachten:
"Dieser Zugang erlaubt eine bessere Unterscheidung zwischen bleibenden Elementen der biblischen Botschaft, die in der menschlichen Natur begründet sind, und kontingenten Prägungen, die von besonderen Kulturen herrühren. Allerdings ist dieser Zugang ebenso wie andere besondere Zugänge allein nicht in der Lage, den spezifischen Beitrag der Offenbarung zu erfassen. Dies darf man bei der Beurteilung der Bedeutung seiner Ergebnisse nicht aus dem Auge verlieren." (Die Interpretation der Bibel in der Kirche, S.53)
Denn es gibt unveränderliche Konstanten der Offenbarung, die unabhängig von der jeweiligen Kultur sind, und dazu gehört das göttliche Mandat der Ehe.

Schließlich muss noch betont werden, dass das biblische Eheverständnis überhaupt keine Diskriminierung von homosexuellen Partnerschaften bedeutet:
"Wenn man an der Einzigartigkeit der verschiedengeschlechtlichen Ehe festhält, diskriminiert man ja nicht automatisch gleichgeschlechtliche Lebenspartnerschaften, sofern man deren Recht auf eine eigenständige angemessene Institution nicht infrage stellt."
(so Prof. Dr. Schockenhoff im Interview in "PublikForum" vom 11.8.2017, S.30)

2.4. Die Kennzeichen der Kirche

2.4.1. Wenn wir gefragt werden, welche Kennzeichen die Kirche hat, antworten wir mit Art. VII der Augsburger Konfession (abgekürzt CA):
"Ebenso lehren sie, dass die eine heilige Kirche allezeit bleiben wird. Es ist aber die Kirche die Versammlung der Heiligen, in der das Evangelium rein gelehrt wird und die Sakramente richtig verwaltet werden. Und zur wahren Einheit der Kirche genügt es, übereinzustimmen in bezug auf die Lehre des Evangeliums und die Verwaltung der Sakramente. Es ist aber nicht nötig, daß die menschlichen Überlieferungen oder von Menschen eingesetzten Riten oder Zeremonien überall gleich sind." (in: Ev. Bekenntnisse, Bd 1, S. 39)

Wir benutzen diesen Art. VII, um uns vom katholischen Kirchenverständnis abzugrenzen, wonach die Kirche immer hierarchisch verfasst sein muss in der Gestalt des historischen Bischofsamtes, wie das II. Vatikanische Konzil lehrt:

"... Jene göttliche Sendung, die von Christus den Aposteln anvertraut worden ist, wird bis zum Ende der Welt dauern (vgl. Mt 28,20), da das Evangelium, das von ihnen zu überliefern ist, für alle Zeit für die Kirche Grundlage ihres ganzen Lebens ist. Deshalb haben die Apostel in dieser hierarchisch geordneten Gesellschaft für die Einsetzung von Nachfolgern Sorge getragen."
(Lumen Gentium, Nr.20,DH S.1196)
"... Daher lehrt das Heilige Konzil, daß die Bischöfe aufgrund göttlicher Einsetzung an die Stelle der Apostel nachgerückt sind, gleichsam als Hirten der Kirche; wer sie hört, hört Christus, wer (sie) aber verachtet, verachtet Christus und den, der Christus gesandt hat (vgl. Lk10,16)." (LG Nr.20,DH, S.1197f)
"... Das Heilige Konzil lehrt aber, daß durch die Bischofsweihe die Fülle des Weihesakraments übertragen wird, die ja sowohl im liturgischen Brauch der Kirche als auch mit der Stimme der Heiligen Väter das Hohepriestertum, die Höchstform des heiligen Dienstes genannt wird." (LG Nr 21, DH, S.1198)

Für die rechte Auslegung von CA VII ist es unbedingt nötig, das Gesamtanliegen der Augsburger Konfession zu bedenken.
Es ging der CA um den innerkirchlichen Frieden und die innerkirchliche Einheit der Abendländischen Kirche. Denn noch war die Trennung in eine ev. und eine kath. Konfession nicht vollzogen. Darum war nach Auffassung der Augsburger Konfession es ausreichend, hinsichtlich der Predigt des Evangeliums und der Verwaltung der Sakramente übereinzustimmen.
Thema von CA VII war also nicht eine Wiederherstellung der Einheit getrennter Kirchen! Denn sowohl CA V über das von Gott gestiftete Amt, als auch CA XIV über die Ordination und CA XXVIII über die Bischöfe weisen darauf hin, dass die evangelische Seite die vorhandene Kirchenstruktur akzeptiert hat, sofern das Anliegen der Reformation aufgenommen würde. Von hier aus betrachtet, dürfte es den ev. Kirchen überhaupt nicht schwer fallen, offiziell festzustellen, dass
"´*... das ordinationsgebundene Amt zum Sein der Kirche*`" gehört.
(Bernd Jochen Hilberth, Theologischer Kommentar zum Dekret über den Ökumenismus *Unitatis redintegratio*, Band 3, S.191)

Allerdings wurde in CA VII so formuliert, dass eine sich abzeichnende Abspaltung der ev. Seite von der abendländischen Kirche das Kirche-Sein der ev. Kirche theologisch nicht in Frage stellen kann. Für die Reformatoren waren im Konfliktfall die inhaltlichen Kriterien in CA VII wichtiger als die Struktur der abendländischen Kirche.

2.4.2. Folgendes ist noch zu bedenken:
Der Hauptsatz in CA VII *"Es ist aber die Kirche die Versammlung der Heiligen"* hat merkwürdiger Weise keine besondere ekklesiologische Beachtung erlangt. Denn die Tatsache, dass regelmäßig nur eine Minderheit der ev. Gemeindemitglieder sonntags sich zum Lob Gottes versammelt, wird ausgeblendet. Was bedeutet es aber ekklesiologisch, wenn die Versammlung das Kennzeichen der Kirche ist, jedoch mindestens 90% ständig fernbleiben?
Dieser bedrängenden Frage kann man geschickt ausweichen, indem man den Nebensatz, was in der Versammlung geschieht, zum Hauptsatz kürt. Denn dann ist es theologisch völlig unerheblich, ob 1% oder 8% oder 20 % der Mitglieder zur Versammlung kommen. Entscheidend ist dann nur, dass das Evangelium rein gelehrt und die Sakramente stiftungsgemäß gereicht werden.
Als der Rückgang der sonntäglichen Gottesdienstbesucher in den 70er Jahren des vorigen Jahrhunderts nicht mehr zu leugnen war, hat man sich zudem innerkirchlich mit dem Wort aus Hebr 10,25 getröstet:
"Lasst uns nicht unseren Zusammenkünften fernbleiben, wie es einigen zur Gewohnheit geworden ist" und sich selbst beruhigend hinzugefügt:
"Daran erkennen wir, dass es in der Christenheit schon immer ein Problem war, dass nicht alle Gemeindemitglieder regelmäßig zum Gottesdienst kommen."
Dieser falsche Trost verdrängt, dass sich Hebr 10, 25 auf eine Minderheit bezieht, die nicht mehr zum Gottesdienst gekommen ist, und nicht auf die Mehrheit der Gemeindemitglieder.
Oft wird auch argumentiert, dass wir Christen ja eine Minderheit in der Gesellschaft seien, was sich eben auch am Gottesdienstbesuch erweise.
Zum einen kann man nicht von einer Minderheit sprechen, wenn es in Deutschland 23,6 Mill. katholische, 21,9 Mill. evangelische und außerdem freikirchliche und orthodoxe Christen gibt. (Zahlen: siehe "Christ in der Gegenwart", 30.7.2017, S.334) .
Zum anderen besteht das Problem darin, dass in der Regel nur eine Minderheit der Gemeindemitglieder in den ev. Landeskirchen am sonntäglichen Gottesdienst teilnimmt. Und in Kirchengemeinden, in denen nur noch alle 14 Tage oder alle ein bis zwei Monate Gottesdienste stattfinden, schrumpft obendrein diese Minderheit!

Über dieses Problem offen zu reden, ist wahrscheinlich nicht mehr möglich.

Denn wenn die Stellenplanung von den Gottesdienstbesuchern ausginge, wären die Einschnitte bei den hauptamtlich Angestellten wesentlich radikaler als sie es jetzt sind. Viele Entscheidungsträger in der ev. Kirche haben zudem eine andere Perspektive, weil sie als Festpredigerinnen und Festprediger immer eine volle Kirche erleben und ständig mit großartig engagierten Ehrenamtlichen zu tun haben.
Um von einer sehr einseitigen Auslegung von CA VII wegzukommen, wäre darum eine intensive Diskussion über "Kirche als Versammlung" nötig, die auch die Frage stellt:
"Wie können wir einen Prozess in Gang bringen, damit die Mehrheit der Gemeindemitglieder ihr Verhältnis zu Gott klärt."
Denn dass die übergroße Mehrheit der Gemeindemitglieder sich nicht zum Gottesdienst versammelt, liegt am ungeklärten Verhältnis zu Gott. Diese Mehrheit nimmt zwar Kasualien in Anspruch und ist "irgendwie christlich". Doch zu einer Klarheit im persönlichen Glauben an Gott ist es, z.T. ohne eigene Schuld, nicht gekommen.

2.4.3. Bei der einseitigen Auslegung von CA VII wird zum anderen oft unterschlagen, dass das Bekenntnis der Augsburger Konfession zu den drei altkirchlichen Symbolen, - also dem Apostolikum, dem Nizänum und dem Athanasium -, diese für die ev. Kirche verbindlich macht. Daraus folgt, dass zum Wesen der Kirche die Einheit, Heiligkeit, Katholizität und Apostolizität gehören.
Die Apostolizität und die Heiligkeit der Kirche waren im 16. Jh. durch das Ablasswesen und andere kirchliche Missstände stark beschädigt. Darum legten die Reformatoren so großen Wert auf das reine Evangelium und die stiftungsgemäße Verwaltung der Sakramente.
Zur Apostolizität gehört jedoch nicht nur die Bewahrung der apostolischen Lehre, sondern auch die personale Nachfolge in der Leitungsverantwortung. Schon die vierte Weltkonferenz für Glauben und Kirchenverfassung in Montreal 1963 hat festgestellt:
*"**84** Christus erwählte die Apostel, Zeugen seiner Auferstehung, damit sein Erlösungswerk an den Enden der Erde verkündigt und bezeugt und seine Früchte den Menschen mitgeteilt würden, und er vertraute ihnen das Wort von der Versöhnung an. Er rüstete sie aus mit dem Heiligen Geist und sandte sie aus, um alle Nationen in der Kirche zu versammeln und sie auf dem einen Grund zu erbauen, der kein anderer ist als er selbst. Mit ihnen nahm das Amt der vollbrachten Versöhnung zum Heil aller Menschen seinen Anfang.*

So haben die ganze Kirche und ihr besonderes Amt ihren Ursprung in der Sendung der Apostel.
***85** Das einzigartige Zeugnis der Apostel von Christus wird von der Kirche im Neuen Testament bewahrt. Ihre Sendung wird durch die Kirche und ihr Amt fortgesetzt."*
*"**87** Um die Kirche zu erbauen und sie für ihre Sendung auszurüsten, hat der Herr Jesus Christus Diener eingesetzt, die als Nachfolger der Apostel in der Kraft des Heiligen Geistes der vollbrachten Versöhnung in, mit und für den Leib dienen, indem sie sie durch die vom Herrn gegebenen Mittel verkündigen, bezeugen und mitteilen."* (Einheit der Kirche, S.214)

Das bedeutet nichts anderes, als dass nicht nur der Inhalt wichtig ist, sondern auch das Gefäß, in welchem der Inhalt transportiert wird. Denn die Apostolizität der Kirche erweist sich sowohl in der Weitergabe der rechten Lehre, als auch in der Person derer, die als Nachfolger der Apostel in die geistliche Leitungsverantwortung berufen wurden und werden. Denn schon im NT gibt es gleichberechtigt neben der inhaltlichen die personale Autorität:
"Es gibt kein anderes Evangelium, es gibt nur einige Leute, die euch verwirren und die das Evangelium Christi verfälschen wollen. Jedoch, auch wenn wir selbst oder ein Engel vom Himmel euch ein anderes Evangelium verkündeten als das, was wir verkündet haben, - er sei verflucht."
(Gal 1,7f = inhaltliche Autorität)
"Wer euch hört, der hört mich, und wer euch ablehnt, der lehnt mich ab; wer aber mich ablehnt, lehnt den ab, der mich gesandt hat."
(Lk 10,16 = personale Autorität)

2.4.4. Dass die Bischöfe als Nachfolger der Apostel, dass Papst und Konzilien irren können, ist das entscheidende ev. Argument gegen die apostolische Sukzession des bischöflichen Amtes. Dieses Argument wird mit dem Hinweis auf die Rechtfertigungslehre ständig unreflektiert wiederholt.
Nimmt man dieses Argument wirklich ernst, dann müsste jeder ev. Christ grundsätzlich die ev. Kirchenleitungen, ev. Landessynoden und alle ev. Theologischen Fakultäten in Frage stellen, weil auch ev. Bischöfe, ev. Synodale und ev. Hochschullehrer irren können.
Diese Auffassung ist darum überhaupt kein Argument gegen das historische Bischofsamt. Grundsätzlich gilt auch im Blick auf die Irrtumsfähigkeit der Satz:
"Abusus non tollit usum." - "Der Missbrauch hebt den Gebrauch nicht auf."

2.4.5. Die erwähnte einseitige Auslegung von CA VII bedeutet in der Endkonsequenz die freie evangelische Gemeinde als das evangelische Kirchenmodell. Die Verwaltungsmacht der ev. Landeskirchen hält jedoch die ev. Kirchengemeinden beieinander, so dass die freie ev. Gemeinde als das Kirchenmodell des Protestantismus innerhalb der Landeskirchen nicht zum Tragen kommen konnte.
Das könnte aber sich innerhalb der Landeskirchen noch ändern!

Dazu folgende Überlegung:
Im Zuge der Stellenplanung entstehen große Pfarrbereiche, die zwangsläufig der Präsenz des zuständigen Pfarrers in den Gemeinden schaden.
Wenn nun eine Kirchengemeinde an der ständigen Vergrößerung der Pfarrbereiche Kritik äußert, wird oft argumentiert:
"Ihr könnt ja für euch einen Pfarrer außerhalb des Stellenplans anstellen, wenn ihr genug Spenden aufbringt."
Dieses Totschlag-Argument führt letztlich zur Einsicht, und der Stellenplan wird mürrisch oder entmutigt von den Kirchengemeinden, die nur ein Votum und kein Veto zum Stellenplan abgeben können, hingenommen.
Hier zeigt sich in der Praxis eine ekklesiologische Inkonsequenz. Die Gemeinde als ekklesia vor Ort erlebt in unserer ev. Theologie eine sehr große Wertschätzung, das Sagen hat aber der Kirchenkreis in Gemeinschaft mit dem Landeskirchenamt. Deswegen können die Gemeinden z.B. bei der Stellenplanung nur votieren, was aber keine Rechtskraft hat und darum wirkungslos ist.
Dabei wird verschwiegen, dass die Kirchengemeinden ja von vornherein Geld für einen Pfarrer haben, wenn sie Pfarrland besitzen. Diese Einkünfte könnte eine Kirchengemeinde, wenn sie auf einen teuren Pfarrer verzichtet, für eine geeignete Person einsetzen, die für sonntägliche Gottesdienste und Amtshandlungen zuständig ist. Eine solche Gemeinde könnte auf der Grundlage der ev. Auffassung vom Priestertum aller Gläubigen diese geeignete Person sogar zum Pfarrer ordinieren, da in CA XIV offen gelassen ist, wer das Recht hat zu ordinieren.
Für eine geringfügige Beschäftigung bei 300 Gemeindemitgliedern würden z.B. 4000 € Pachteinnahmen pro Jahr aus dem Pfarrland schon ausreichen. Da aber die Pachteinnahmen aus dem Pfarr- und Kirchenland von den Kirchenkreisen verwaltet werden, müßte eine Kirchengemeinde aus der Finanzverwaltung der Landeskirche austreten. Das aber können die Landeskirchen durch ihre Verwaltungsgesetze gerichtlich verhindern.

Eine Kirchengemeinde, die sich mit dem Stellenplan nicht abfinden und darum einen Pfarrer geringfügig anstellen möchte, müsste deshalb in

Karlsruhe beim Bundesverfassungsgericht klagen mit dem Argument, dass sie im Grundbuch als Eigentümerin eingetragen ist und darum das Recht haben muss, aus der Finanzverwaltung der Landeskirche auszutreten, um die Ackerflächen selber zu verwalten, da das Grundgesetz in Artikel 14 die Eigentumsrechte schützt.
Sie könnte vor dem BVG darüber hinaus geltend machen, dass selbst die sowjetische Besatzungsmacht 1945/46 die im Grundbuch eingetragenen Eigentumsrechte der Kirchengemeinden betr. Pfarr- und Kirchenland unangetastet ließ. Denn die Sowjets hätten ja die Grundbucheintragungen ganz allgemein als Eigentum der Kirche auslegen können, und dann wären alle kirchlichen Flächen der Bodenreform zum Opfer gefallen.
Eine solche Kirchengemeinde, die sich von der Verwaltung der Landeskirche dann getrennt hat, könnte theologisch "wasserdicht" feststellen:
"Wir bekennen uns gemäß CA VII zur geistlichen Einheit mit der Landeskirche, so wie sich die Landeskirchen in ihren Verfassungen zur Einheit der einen Kirche Jesu Christi bekennen. Wir verzichten auf die Anteile aus den Kirchensteuereinnahmen und verwalten selber unser geistliches Leben und unser Eigentum an Grund und Boden in christlicher Freiheit und christlicher Eigenverantwortung zur Auferbauung der Gemeinde Jesu Christi."

Gegen eine solche Separation könnten die Landeskirchen sich lediglich auf dem Verwaltungsweg wehren, was aber wirkungslos bliebe, wenn das Bundesverfassungsgericht der Klage einer Kirchengemeinde auf Selbstverwaltung ihres Eigentums stattgäbe.
Theologisch hätten die ev. Landeskirchen keine Argumente, solange sie an der bisherigen Auslegung von CA VII festhalten und der Kirchenstruktur keine theologische, sondern nur praktische Relevanz einräumen.

2.4.6. Etwas weiteres muss bedacht werden.
Wenn in Deutschland das Kirchensteuereinzugssystem durch die Finanzämter und die Staatsleistungen der Bundesländer an die Kirchen wegfielen, was ja durch die schleichende Entkirchlichung bei den Eliten der Gesellschaft nicht unwahrscheinlich ist, würde das die kath. und die ev. Kirche in eine ähnliche finanzielle Krise stürzen wie die kath. Kirche in Frankreich bei der Enteignung 1905. Für die kath. Kirche würde sich aber hinsichtlich der Hierarchie, also in der Machtausübung, nichts ändern. Völlig anders wäre dies für die ev. Landeskirchen. Denn nun hätten die Landeskirchenämter, die Kirchenkreise mit den Kreiskirchenämtern keine Macht mehr über die Kirchengemeinden,

weil alle Finanzen direkt an der Basis verwaltet würden und die Kirchengemeinden die Macht hätten, selber zu entscheiden, wie viel Geld aus der Kirchengemeinde zu den höheren Ebenen weitergeleitet werden soll. Und dies wäre theologisch von der bisherigen Auslegung von CA VII gedeckt.

2.4.7. Auch ist noch folgendes anzumerken:
Unser ev. Defizit hinsichtlich der Kennzeichen der Kirche trat ungewollt im Jahr 2000 durch "Dominus Jesus" zutage.
Die Kennzeichnung der ev. Kirche als "Kirchliche Gemeinschaft" in dieser Schrift rief große Empörung innerhalb der ev. Kirche und teilweise auch außerhalb der ev. Kirche hervor. Dabei wurde nicht gewusst oder vergessen, dass der Begriff "Kirchliche Gemeinschaft" das erste Mal beim II. Vatikanischen Konzil offiziell gebraucht wurde. So heißt es im Dekret über den Ökumenismus unter Nr. 22:
"Obgleich bei den von uns getrennten Kirchlichen Gemeinschaften die aus der Taufe hervorgehende volle Einheit mit uns fehlt und obgleich sie nach unserem Glauben vor allem wegen des Fehlens des Weihesakramentes die ursprüngliche und vollständige Wirklichkeit (substantia) des eucharistischen Mysteriums nicht bewahrt haben, bekennen sie doch bei der Gedächtnisfeier des Todes und der Auferstehung des Herrn im Heiligen Abendmahl, daß hier die lebendige Gemeinschaft mit Christus bezeichnet werde, und sie erwarten seine glorreiche Wiederkunft".
(K.Rahner/H.Vorgrimmler, Kleines Konzilskompendium, S.248)

Den Begriff "kirchliche Gemeinschaft" verwendete Papst Johannes Paul II. auch in seiner Enzyklika "Ut unum sint" (s.1.6.).
Mir ist nicht bekannt, dass es 1964 und 1995 einen solchen Sturm der Entrüstung durch evangelische Theologen über den Begriff "Kirchliche Gemeinschaft" gegeben hat.
Allerdings wurde der Begriff "Kirchliche Gemeinschaft" in "Dominus Jesus" im Gegensatz zum II. Vatikanischen Konzil abwertend gebraucht, obgleich er theologisch korrekt ist, wenn zum Wesen der Kirche das historische Bischofsamt in apostolischer Sukzession gehört:
"Die kirchlichen Gemeinschaften hingegen, die den gültigen Episkopat und die ursprüngliche und vollständige Wirklichkeit des eucharistischen Mysteriums nicht bewahrt haben, sind nicht Kirchen im eigentlichen Sinn ..." (Dokumente seit dem II.Vat.Konzil, S.603).
Die evangelische Kritik am Begriff "Kirchliche Gemeinschaft" in "Dominus Jesus" offenbarte gleichzeitig eine theologische Inkonsequenz. Wenn wir

nämlich meinen, dass mit CA VII das Wesen der Kirche ein für allemal vollständig beschrieben ist, gibt es keinen Grund, sich darüber zu entrüsten, dass für die kath. Kirche, aber auch für die Orthodoxen Kirchen und für die Kirchen des Porvoo-Prozesses, ein gültiges Bischofsamt zum Wesen der Kirche gehört.

Wenn wir von unserer Auslegung von CA VII also wirklich überzeugt sind, können wir in großer christlicher Freiheit anderen Meinungen gegenüber gelassen sein. Dies war aber nicht der Fall und ist ein Hinweis darauf, dass das ekklesiologische Defizit empfunden wurde. Darum wurde die Formulierung "Kirchliche Gemeinschaft" auch als schwerwiegende Kränkung erlebt.

2.4.8. Zu dieser Inkonsequenz gehört auch die Tatsache, dass wir einerseits beleidigt sind, wenn wir als "Kirchliche Gemeinschaft" und nicht als "Kirche" charakterisiert werden, andererseits in der neuen Lutherbibel "ekklesia" nie mit "Kirche", sondern immer mit "Gemeinde" übersetzt wurde.

Für mich hat der Ausstieg aus dem Projekt einer ökumenischen Übersetzung der Bibel auch viel mit der Kränkung durch "Dominus Jesus" zu tun. Denn die Begründung für den Ausstieg, dass bestimmte Kriterien bei einer Übersetzung wie Singbarkeit und die Wertschätzung der Vulgata für die EKD nicht akzeptabel waren, ist nicht überzeugend. Dann hätte die EKD offiziell auch die "Bibel in gerechter Sprache" klar ablehnen müssen, weil auch hier fremde Kriterien für die Übersetzung richtungsweisend waren.

2.4.9. Zusammenfassend kann gesagt werden, dass CA VII einen sehr wichtigen Aspekt der Apostolizität zum Ausdruck bringt, dass aber zur Apostolizität auch die personale Nachfolge in der Gestalt des Bischofsamtes gehört.

Um dieses ekklesiologische Defizit auszugleichen, wäre es darum an der Zeit, die vier Kennzeichen der Kirche des Nizänischen Glaubensbekenntnisses zu rezipieren im Sinne von "Communio Sanctorum":

"Gemeinsam können wir nunmehr sagen, dass die in der örtlichen Versammlung um Wort und Sakrament sich vollziehende kirchliche Gemeinschaft als Gemeinschaft mit Gott und untereinander zwar nicht die ganze Kirche, aber ganz Kirche ist. So ist sie einbezogen in die universale Kirche als die Gemeinschaft aller Ortskirchen. Im Blick auf diese universale Gemeinschaft ebenso wie im Blick auf die jeweilige Ortskirche spricht das Glaubensbekenntnis von der ´una sancta catholica et apostolica ecclesia` als einer geistlichen Wirklichkeit." (Communio Sanctorum, Nr. 152/S.76f)

Weil außerdem die Augsburger Konfession die bischöfliche Struktur voraussetzt (Art. XXVIII), wäre es ebenso folgerichtig, wenn die ev. Landeskirchen das Lambeth-Quadrilateral der Anglikanischen Kirche als

Basis für eine verbindliche Ökumene sich zu eigen machten. Das Lambeth-Quadrilateral nennt als Voraussetzung für eine Einigung aller christlichen Kirchen die Anerkennung
"... 1) der hl. Schriften des A.T. und N.T., 2) des Aostol. und Nicän. Glaubens= bekenntnisses, 3) Taufe und Herrenmahl als den von CHRISTUS selbst eingesetzten Sakramenten, 4) des Bischofsamtes, als Amt, das nicht nur die innere Berufung durch den Hl. Geist, sondern auch den Auftrag CHRISTI und die Autorität der Gesamtkirche besitzt und von den Zeiten der Apostel herstammt." (Artikel Lambeth-Quadrilateral in: Brockhaus, Bd. 13, S.19)

Es wäre ebenso folgerichtig, sich am Porvoo-Prozess der Anglikanischen Kirche, der Nordischen und der Baltischen Lutherischen Kirchen zu beteiligen und die Erklärung von Porvoo als theologische Grundlage zu rezipieren, in der es unter anderem heißt:
"Die Treue der Kirche in Kontinuität mit den Aposteln gründet letztlich auf der Verheißung des Herrn und in der Gegenwart des Heiligen Geistes, der in der ganzen Kirche am Werke ist. Die Kontinuität des Amtes der Aufsicht ist innerhalb der Kontinuität des apostolischen Lebens und der apostolischen Sendung der ganzen Kirche zu verstehen. In der apostolischen Sukzession im Bischofsamt konzentriert sich auf sichtbare und persönliche Weise die Apostolizität der ganzen Kirche. Kontinuität in der apostolischen Sukzession findet ihren zeichenhaften Ausdruck in der Ordination oder Weihe eines Bischofs." (DwÜ, Bd. 3, S.771, Paderborn 2003)

Diese Teilnahme am Porvoo-Prozess bedeutet ja nicht, dass die Verkündigung des Evangeliums durch die ev. Kirchen ohne apostolische Sukzession infrage gestellt würde. So heißt es im "Lima-Papier":
"37. Kirchen, die die Sukzession durch das Bischofsamt praktizieren, erkennen zunehmend an, daß eine Kontinuität im Glauben, Gottesdienst und in der Sendung bewahrt ist in Kirchen, die nicht die Form des historischen Bischofsamtes beibehalten haben. Diese Anerkennung findet zusätzliche Unterstützung in der Tatsache, daß die Wirklichkeit und die Funktionen des Bischofsamtes in vielen dieser Kirchen mit dem oder ohne den Titel ´Bischof` bewahrt worden sind. Die Ordination z.B. wird in ihnen immer von Personen vollzogen, in denen die Kirche die Autorität der Weitergabe des Amtsauftrages anerkennt." (Taufe, Eucharistie und Amt, S.44, Paderborn, 1982)

Ähnlich argumentiert Bernd Jochen Hilberath, in dem er Otto Hermann Pesch zitiert:
" ´Wenn in der - einer - Kirche ein übergemeindliches Amt, gegebenenfalls sogar kollektiv ausgeübt, besteht, das alles und jedes zu tun hat wie das gemeindliche Amt und darüber hinaus zur Demonstration der Katholizität der Kirche Lehrüberwachung (Visitation, Luther: Besuchsdienst) und Ordination vornimmt, dann ist ´bischöfliche Verfassung` ihrem Grundsinn nach gegeben.` " (Bernd Jochen Hilberth zum Problem des "defectus Ordinis", Kommentar zum II.Vat., Bd. 3, S.191f)

Zugleich stellt "Lima" fest:
"38. Diese Überlegungen mindern aber nicht die Bedeutung des Bischofsamtes. Im Gegenteil, sie ermöglichen Kirchen ohne Bischofsamt, die bischöfliche Sukzession als ein Zeichen, jedoch nicht als eine Garantie der Kontinuität und Einheit der Kirche zu schätzen ... Ihre Annahme der bischöflichen Sukzession wird die Einheit der ganzen Kirche am besten fördern, wenn sie Teil eines umfassenden Prozesses ist, durch den auch die bischöflichen Kirchen selbst ihre verlorene Einheit wiedergewinnen."
(Taufe, Eucharistie und Amt, S.44)

Das Argument, dass die apostolische Sukzession keine Garantie für die rechte Lehre ist, muss ergänzt werden mit der Feststellung, dass es diese Garantie grundsätzlich nicht gibt. Auch Kirchen, die sich charismatisch verstehen und die kirchliche Auslegungstradition der Schrift als überflüssig oder irrelevant betrachten und mit "... *noch weniger dogmatischem Gepäck"* (Papst Benedikt XVI., am 23.9.2011 in Erfurt vor dem Rat der EKD, in: In Gott ist unsere Zukunft, S.67) unterwegs sind, besitzen nicht die Garantie der reinen Lehre. Zudem unterschätzen sie die geistliche Dimension der apostolischen Sukzession und verdrängen die kirchengeschichtliche Tatsache, dass die Ausbildung des historischen Bischofsamtes den rechten Glauben bewahrt hat.
Die apostolische Sukzession des Bischofsamtes ist recht verstanden die stärkste geistliche Herausforderung für Ordinierte in der Leitungsfunktion , in Liebe zu Christus und in Treue zur Botschaft des Evangeliums für die Einheit des Volkes Gottes da zu sein, liebend, mahnend, nachdenklich und offen.

Interessant ist in diesem Zusammenhang der Versuch der Tübinger Theologen Jakob Andreä und Martin Crusius zwischen 1573 bis 1581, mit dem Augsburger Bekenntnis in griechischer Übersetzung zu einer theologischen Verständigung mit dem Patriarchen von Konstantinopel zu kommen.

Dieser Versuch ist an der unterschiedlichen Ekklesiologie gescheitert.
So antwortete Patriarch Jeremias II. (1536 - 1595) zu CA VII:
"Dazu sagen wir: Eine ist die Heilige Allgemeine und Apostolische Kirche derjenigen Christen, welche recht und nach der göttlichen Väter Überlieferung die Ordnungen und kanonischen Bestimmungen ausführen, die durch den Heiligen Geist bestimmt und in Kraft gesetzt sind. Die Mysterien (=Sakramente) *und die heiligen Handlungen in dieser Allgemeinen Kirche der orthodoxen Christen sind sieben: nämlich Taufe, Salbung durch das Heilige Öl, Göttliches Gemeinschaftsmahl, Handauflegung* (=Priesterweihe), *Ehe, Buße und Heilige Ölung.. Sieben sind nämlich die Gnadengaben des göttlichen Geistes, wie Jesaja sagt, sieben auch die vom Geist gewirkten Mysterien der Kirche."*
(Dokumente der Orthodoxen Kirchen zur ökumenischen Frage, Band II, S.69)

Demzufolge gilt für die orthodoxe Theologie nicht nur "Allein die Schrift", sondern das Kriterium für die rechte Auslegung ist immer mit der vom Heiligen Geist bewirkten Erstauslegung der Schrift durch die Kirchenväter verbunden:
"Alles, was wir gesagt haben, meine Lieben, stützt sich, wie auch Ihr wohl wißt, auf die von Gott eingegebene Schrift, nach unserer gelehrten und heiligen Theologen Auslegung, gesunden Lehre und Erläuterung. Uns kommt es nämlich nicht zu, im Vertrauen auf unsere eigene Auslegung irgend etwas von den Worten der Schrift anders zu verstehen oder auszulegen als gemäß den Theologen, die von den heiligen Synoden im Heiligen Geist zu dem frommen Zweck anerkannt sind. Damit wir nicht von der rechten evangelischen Lehre und wahren Weisheit und Einsicht abweichen und unser Denken proteusartig hierhin und dorthin treiben lassen. Aber, könnte jemand sagen, wie kann man das bessern? Mit Gottes Beistand so: dass man nichts gegen die Gebote der heiligen Apostel oder heiligen Synoden unternimmt oder denkt. Wer diese Grenze recht bewahrt, kann unser Bundesgenosse, Glied unserer Gemeinschaft und Glaubensbruder sein. Wer aber die vorgenannten Kanones verwirft und gegen die Apostel streitet und sich ehrfurchtslos gegen die heiligen Apostel wendet, welche Gemeinschaft sollte der mit uns haben?... Ein anderer Kirchenlehrer sagt: Wenn jemand Worte der angesehenen, von Gott erfüllten Väter erschüttert, so kann das nicht mehr Verwaltung (der Mysterien) *genannt werden, sondern vielmehr Übertretung und Verrat des Dogmas."*
(a.a.O., S. 123f)

Zum Kirche-Sein gehört selbstverständlich für die orthodoxe Kirche das ordinationsgebundene Amt, welches an Christi statt die Gnade übermittelt: *"Die Handauflegung übermittelt die Gewalt und Kraft Dessen, der sie vollbracht hat. Und da nichts von allem, was ist, getrennt von IHM ist, Er aber kam, um uns zur Seligkeit zu führen, gewährte Er, nachdem Er von uns aufgenommen war, uns diese seine Macht durch sein Priestertum. Durch dieses vollziehen wir die heiligen Handlungen. Es ist nichts heilig ohne den Priester. Nachdem Er im Anfang uns zu Herrschern der sichtbaren Dinge eingesetzt hat, setzt Er uns in der Gegenwart in eine stärkere Herrschaft ein durch das Priestertum. Die Schlüssel des Himmels hat Er den Aposteln und den ihnen nachfolgenden Priestern übergeben."* (a.a.O., S.70)

Hinsichtlich der Kritik der Reformatoren an den kirchlichen Missständen und an geistlichen Forderungen wie Fasten etc., betont der Patriarch folgendes: *"So muß man also, wenn man sich auf die Tugend der Seele richtet, das Leibliche nicht ganz beiseite schieben. Was an sich nicht schön ist, wird schön und ansehnlich kraft des Guten, das ihm dient. So müssen auch alle Überlieferungen der heiligen Väter, die ja auf das gleiche Ziel gerichtet sind, bewahrt und angenommen werden. Denn es heißt: Wer verachtet, der verachtet Gott. Darum darf man solche Überlieferungen nicht in den Staub ziehen, auch wenn einige sie, gegen den frommen Zweck, missbrauchen, sondern man muß solche Menschen tadeln und zurechtweisen und ihnen die rechte Entscheidung zeigen."* (a.a.O., S.115f)

Inwieweit eine solche Zurechtweisung durch die Reformatoren gelungen wäre, ohne eine Spaltung der Kirche zu verursachen, sei dahin gestellt.
Zu bedenken aber ist, dass die ev. Mentalität sehr stark darauf aus ist, bei anderen immer zuerst das Negative zu suchen und um dann, von dem Negativbefund ausgehend, sich ein abschließendes Urteil zu bilden.

Der Briefwechsel zwischen den Tübinger Theologen und dem Patriarchen von Konstantinopel hat gezeigt, dass die zwei unterschiedlichen ekklesiologischen Denkansätze eine theologische Anerkennung der ev. Konfession als Kirche durch das Patriarchat von Konstantinopel verhindert haben.
In seinem vorletzten Schreiben kommt Patriarch Jeremias noch einmal auf den grundlegenden Unterschied zu sprechen und schreibt fast flehend: *"Deshalb bitten wir Euch aufs neue, die Schriftworte so zu verstehen, wie die ökumenischen Lehrer der Kirche sie ausgelegt haben, deren Auslegung die*

Sieben Ökumenischen Synoden und die übrigen Landessynoden bestätigt haben." (a.a.O., S. 190)
Den Briefwechsel mit den Tübinger Theologen beendet Patriarch Jeremias nicht mit einer Verurteilung oder Verachtung der ev. Position, sondern stellt fest, dass es zu einem ekklesiologischen Konsens nicht gekommen ist. Zugleich schließt er einen freundschaftlichen Kontakt unter Christen, die dogmatisch nicht übereinstimmen, nicht aus:
"Geht nun Euren Weg! Schreibt uns nicht mehr über Dogmen, sondern allein um der Freundschaft willen, wenn Ihr das wollt. Lebt wohl!" (a.a.O., S. 213)

Damit endet dieser Briefwechsel und scheitert der Einigungsversuch, weil offensichtlich evangelischerseits unterlassen wurde, die Erstauslegung der Schrift als Wirken des Heiligen Geistes einer theologischen Prüfung zu unterziehen. Denn der Verweis des Patriarchen auf den ekklesiologischen Stellenwert der *"Überlieferung der heiligen Väter"* hätte wenigstens zu einer innerprotestantischen Rückfrage führen müssen, ob man diese mit den *"von Menschen eingesetzten Riten oder Zeremonien"* (CA VII) gleichsetzen darf. Für mich hat, sicher unbeabsichtigt, die evangelische Beliebigkeit ihren Grund in *"von Menschen eingesetzten Riten oder Zeremonien"*, weil diese Formulierung nicht nur die Riten und Zeremonien theologisch abwertet, sondern den Eindruck entstehen lässt, dass jeder Christ, auf Grund eines falsch verstandenen Priestertums aller Gläubigen, die Riten und Zeremonien beurteilen und annehmen oder verwerfen kann.

2.5. Die Verbindlichkeit stärken

Die fehlende Verbindlichkeit betrifft die eigenen theologischen Grundlagen. Verbindlichkeit ist aber unerlässlich, wenn wir die Einheit in versöhnter Verschiedenheit wirklich anstreben. Ansonsten sind wir nicht ökumenefähig.

2.5.1. Artikel XIV der Augsburger Konfession stellt über die Ordinaion fest:
"Vom kirchlichen Amt lehren sie, dass niemand in der Kirche öffentlich lehren oder Sakramente spenden soll, ohne ordnungsgemäß dazu berufen zu sein."
(Ev. Bekenntnisse, Bd.1, S.44)
Die Antwort der katholischen "Confutatio" dazu ist nicht ablehnend, sondern ergänzt:
"... dieses soll also verstanden werden, das allain der werd ordenlich beruffen, welcher nach der Form deß gaistlichen Rechtens und der hailigen Kirchen Einsetzung, die in der gantzen Christenheit bißher gehalten ist."
(Corpus Reformatorum, Bd.XXVII, Sp.199)

Aus dieser katholischen Stellungnahme geht klar hervor, dass mit dem Begriff "berufen" eindeutig die Ordination gemeint ist. Das ist auch spätestens seit dem Gedenken der Augsburger Konfession im Jahr 1980 in der ev. Theologie nicht mehr strittig.
Trotzdem gibt es die dem Artikel XIV widersprechende Praxis, dass jemand ohne Ordination das Abendmahl feiern darf, wenn er Vikar ist oder das Landeskirchenamt die Genehmigung zur Spendung des Abendmahls erteilt.
Mein Vorgänger in Großengottern, Pfarrer Karl Turre - ordiniert am 30.4.1938 - hat mich als Vikar 1975 darauf hingewiesen, dass zu seiner Zeit in der Kirchenprovinz Sachsen ein Vikar kein Abendmahl feiern durfte.

Zum Beispiel wird in der Verfassung der EKM zwar in Art. 17/1 betont:
"Zum Amt der öffentlichen Wortverkündigung und Sakramentsverwaltung werden Gemeindemitglieder durch die Ordination berufen."
In Art. 18/5 aber heißt es:
"Gemeindemitglieder können mit der Leitung von Gottesdiensten und der Wortverkündigung beauftragt werden ... Die Leitung von Gottesdiensten kann die Feier der Sakramente einschließen, wenn dazu ein Auftrag erteilt wird."
Ein solcher Auftrag ist aber keine Ordination, weil es sich eben um eine Genehmigung des Landeskirchenamts handelt. Diese Genehmigung wird nach Antrag durch den Kreiskirchenrat einem Lektor, der Lesegottesdienste hält, erteilt. Dieses Verfahren gilt als eine Berufung im Sinn von CA XIV, was es aber nicht ist. Im Unterschied zu diesem Verfahren gibt es noch die Prädikantenordination, die mit CA XIV übereinstimmt.
Diese Praxis widerspricht jedoch nicht nur Art. XIV der Augsburger Konfession, sondern auch noch der "Meißener Erklärung", die von der Kirche von England, vom Bund der Evangelischen Kirchen in der DDR und von der Evangelischen Kirche in Deutschland 1991 verkündet wurde.
In ihr steht klar und deutlich, wozu sich die drei Kirchen verpflichtet haben:
"... Der Abendmahlsgottesdienst wird von einem ordinierten Geistlichen geleitet. Nur diese Person darf das eucharistische Gebet sprechen."
(Die Meissener Gemeinsame Feststellung, DwÜ Bd.3, S.743)

Welchen ekklesiologischen Wert haben CA XIV und die "Meißener Erklärung", wenn sie im Kirchenrecht der ev. Landeskirchen in Deutschland unterlaufen werden?
Was sagt das über unsere theologische Verbindlichkeit aus? Da stellt sich die Frage, ob wir ökumenefähig sind, wenn wir schon die eigenen lehrmäßigen Grundlagen in ganz entscheidenden Fragen ignorieren.

2.5.2. Die fehlende verbindliche Lehrverkündigung

In Art. XXVIII der CA heißt es über das Bischofsamt:
"Derhalben ist das bischoflich Ambt nach gottlichen Rechten das Evangelium predigen, Sunde vergeben, Lehr urteilen und die Lehre, so dem Evangelio entgegen, verwerfen und die Gottlosen, dero gottlos Wesen offenbar ist, aus christlicher Gemein ausschließen, ohn menschlichen Gewalt, sonder allein durch Gottes Wort. Und deshalb seind die Pfarrleut und Kirchen schuldig, den Bischofen gehorsam zu sein, lauts dieses Spruchs Christi, Lucä am 10.: ´Wer euch höret, der höret mich`." (Die Bekenntnisschriften, S.123f)

Obwohl in diesem Artikel der CA auf die Lehrverantwortung der Bischöfe hingewiesen wird, ist es bis zum heutigen Tag ungeklärt, wer verbindliche Lehraussagen in der ev. Kirche verkündet (s. 1.1.).
Ebenso bleibt offen, wer die ev. Bekenntnisschriften fortschreibt.
In der Verfassung der EKM wird z.B. in der Präambel Nr.4 über die ev. Bekenntnisschriften festgehalten, sie
"... immer wieder an der Heiligen Schrift zu prüfen und sie in Leben, Lehre und Ordnung der Kirche wirksam werden zu lassen."
Wer aber berechtigt ist, diese Prüfung durchzuführen und welche Verbindlichkeit dann der Prüfbericht hat, bleibt nebulös. Und ob eine solche Prüfung offiziell jemals erfolgt ist, muss entweder verneint werden oder sie wurde bisher geheimgehalten.

Überhaupt nicht im Blick ist jedoch die Prüfung der ev. Bekenntnisschriften auf kritische bzw. polemische Aussagen über die kath. Kirche und deren Theologie, die inzwischen überholt sind. Diese Arbeit haben zwar kompetente Theologen der ev. und kath. Kirche in den verschiedenen ökumenischen Gesprächen über viele Jahre treu und gewissenhaft geleistet - siehe die Reihe "Dialog der Kirchen" und "Dokumente wachsender Übereinstimmung"!
Aber nicht einmal zu einem Eintrag eines ökumenischen Prüfauftrages in den Verfassungen der ev. Landeskirchen hat diese jahrelange fleißige Arbeit geführt. Eine ekklesiologische Rezeption ist ohnehin bisher ausgeblieben.
Konsequent wäre, wenn in den Präambeln der Verfassungen der ev. Landeskirchen stünde:
"Die ev. Bekenntnisschriften sind immer wieder an der Hl. Schrift und hinsichtlich auf überholte kontroverstheologische Aussagen zu überprüfen."
Auch wäre wichtig, dass die Präambeln nicht nur auf das Erbe der Reformation hinweisen, sondern dass auch im Blick auf die Kirchentrennung des 16. Jahrhunderts festgehalten wird, dass

"... manche Unterschiede Missverständnisse waren; andere treffen den heutigen Partner nicht mehr, und in den verbliebenen Unterschieden sind Annährungen erreicht worden." (W.Kasper, Weckruf Ökumene, S.12)

Da eine theologische Fortschreibung der ev. Bekenntnisschriften bisher nicht erfolgt ist, werden sie trotz der Ordinationsverpflichtung von vielen Pfarrern nicht ernst genommen. Es gibt also eine deutliche Diskrepanz zwischen dem in den Verfassungen der ev. Landeskirchen festgehaltenen Stellenwert der ev. Bekenntnisschriften und der tatsächlichen Geltung in der kirchlichen Praxis. Und dies ist eben wesentlich verursacht durch eine fehlende verbindliche Lehrverkündigung und durch eine nicht praktizierte Fortschreibung der Bekenntnisschriften.

2.6. Von der Papierebene zu einer ekklesialen Kommunikation

In der ev. Kirche wird oft verkannt, dass es nicht reicht, Wichtiges zu Papier zu bringen, ohne dass es den Menschen an der Basis erklärt und ans Herz gelegt wird.

2.6.1 Das neue Gottesdienstbuch

Das neue Gottesdienstbuch enthält mehrere eucharistische Gebete. Zurecht kann darauf hingewiesen werden, dass das liturgische Anliegen des "Lima-Dokuments" von 1982, die Abendmahlsliturgie liturgisch durch Epiklese und Anamnese zu ergänzen, aufgenommen wurde. Im Ergänzungsband zum Gottesdienstbuch ist zudem die "Lima: Liturgie des Mahles" abgedruckt.
(Ev. Gottesdienstbuch. Ergänzungsband S.313-316)
Das eucharistische Gebet bringt in besonderer Weise die anabatische Dimension des Gottesdienstes zur Geltung, verhindert die beliebte ev. Pädagogisierung des Gottesdienstes bzw. des Abendmahls und macht deutlich, dass der Gottesdienst nicht fromme Selbstdarstellung oder eine Informationsveranstaltung, sondern die Feier des Heiles ist. Dennoch wird in der Praxis das eucharistische Gebet eher selten benutzt. Diejenigen, die vor dem Erscheinen des neuen Gottesdienstbuches ein eucharistisches Gebet verwendet haben, fühlen sich bestätigt. Die anderen feiern Abendmahl nach wie vor ohne ein eucharistisches Gebet.

2.6.2. Das Kinderabendmahl

2004 hatte die Provinzialsynode der Ev. Kirche der Kirchenprovinz Sachsen den Beschluss von 1982 betr. Kinderabendmahl erneuert. Bis Anfang 2014 wurde aber offiziell in den Kirchenkreisen nicht nachgefragt, wie mit diesem Beschluss der Landessynode umgegangen wurde.

Im Konvent von Sömmerda z.B. offenbarte sich, dass dieser Beschluss nicht wirklich durchdacht war. Denn folgende Meinungen traten unter den Pfarrerinnen und Pfarrern zu Tage:
* "Für uns bleibt die Konfirmation weiterhin Zulassung zum Abendmahl."
* "Wir halten es wie die orthodoxen Kirchen und lassen getaufte Kinder ohne Unterweisung zum Abendmahl zu."
* "Wir unterweisen die getauften Kinder, die zur Christenlehre kommen."
Damit würden aber alle getauften Kinder, die nur den Religionsunterricht besuchen, ausgeschlossen. In der Kirchengemeinde würde ausgerechnet beim Abendmahl eine Spaltung entstehen.
* "Wir unterweisen alle Kinder, auch die Ungetauften, und schließen kein ungetauftes Kind, das zur Christenlehre kommt, beim Abendmahl aus."
Das würde letztlich die Taufe als Aufnahme in die Gemeinschaft mit Gott und seiner Kirche überflüssig machen. Es wäre zudem eine radikale Ignoranz von Mt 28, 18-20 und ein Affront gegen das Kriterium "Allein die Schrift".
Es trat sehr schnell zutage, dass es bezüglich des Kinderabendmahls keine geistliche Einmütigkeit gibt. Es wurde aber auch nichts getan, um eine solche geistliche Einmütigkeit in einem längeren Gesprächsprozess herbei zu führen. Offensichtlich wurde auch nicht darüber reflektiert, welche Gründe es gegeben hat, dass der Synodenbeschluss von 1982 in den Kirchengemeinden, bis auf wenige Ausnahmen, nicht umgesetzt wurde.

2.6.3. Inkonsequenz in liturgischen Fragen

Inzwischen ist in der ev. Liturgiewissenschaft nicht mehr strittig, dass der Hallelujagesang sich auf das Evangelium als Begrüßungsruf für Christus bezieht. (Ev. Zeremoniale, S.160) Diese Erkenntnis wird aber weiterhin ignoriert, so dass das Halleluja immer noch nach der Epistellesung vor dem Wochenlied gesungen wird, oft auch noch in sehr verkürzter Form, d.h. ohne den Halleluja-Vers. Dabei würde die liturgisch richtige Stellung dem Hallelujagesang mehr Gewicht verleihen, als er jetzt als "Abgesang" zu Epistel hat.

Dass ein Synodenbeschluss und neue theologische Erkenntnisse ausreichen, um in den Kirchengemeinden etwas zu verändern, wird also durch die Praxis widerlegt. Etwas zu beschließen und es dabei bewenden zu lassen, erinnert an einen Vater, der ein Kind gezeugt hat, jedoch keine Verantwortung für sein Kind übernimmt.
Ein Beschluss auf dem Papier muss in der Kirche immer durch Menschen lebendig gemacht werden.

2.6.4. Zwei Beispiele für eine gute ekklesiale Kommunikation

2.6.4.1. Bistum Trondheim

Die Synode des Bistums Trondheim der luth. Kirche Norwegens hatte 1992 einen "Taufplan" verabschiedet, der das Bewusstsein für die Taufverantwortung in den Gemeinden stärken sollte. Bei diesem Beschluss blieb es aber nicht. Vielmehr reiste der Beauftragte für Katechetik des Bistums, Björn Gunnes, für längere Zeit in die Kirchengemeinden, um diesen Beschluss zu erklären und für seine Durchführung zu werben.

2.6.4.2. Konzil der Jugend

Ab 1970 kamen Jugendliche im Auftrag der Communauté von Taizé, sowie auch die Brüder frère Rudolf, frère Armin und frère Leonhard in die DDR, um in kirchlichen Gruppen, Kirchengemeinden und bei Taizé-Treffen über die "Osternachricht von Taizé" in ihrer geistlichen Bedeutung gemeinsam zu sprechen, damit sie Gestalt im kirchlichen Leben gewinnt.
An den Wortlaut dieser Osternachricht sei hier erinnert:
"Der auferstandene Christus kommt, um im Innersten des Menschen ein Fest lebendig werden zu lassen. Er bereitet uns einen Frühling der Kirche: eine Kirche, die über keine Machtmittel mehr verfügt, bereit, mit allen zu teilen, ein Ort sichtbarer Gemeinschaft für die ganze Menschheit. Er wird uns genügend Phantasie und Mut dazu geben, einen Weg zur Versöhnung zu bahnen. Er selber wird uns bereit machen, unser Leben hinzugeben, damit der Mensch nicht mehr Opfer des Menschen sei."
Die "Osternachricht" wurde also nicht nur verteilt, und dann wären die angereisten Jugendlichen und die Brüder weitergezogen, sondern sie war Grundlage für einen längeren geistlichen Gesprächsprozess, der bewusst in Gang gesetzt wurde.

2.6.5. Kein Ausruhen auf Luthers öffentlicher Wirkung.

Dass die 95 Thesen von Martin Luther sich so schnell in Deutschland verbreitet haben und von den Menschen sofort rezipiert wurden, war eine Ausnahme, die der geschichtlichen Situation geschuldet war. Im normalen kirchlichen Betrieb reicht die Papierebene überhaupt nicht aus.
Bischof Krusche hat sogar einmal auf einem Propsteipfarrkonvent in Wittenberg Anfang der 80er Jahre drastisch-sächsisch gesagt: "Wenn man etwas kirchlich verheimlichen will, muss man es in einem Protokoll festhalten oder im Amtsblatt veröffentlichen."

2.7. Offenheit bei der Exegese zur Überwindung einer ideologischen Auslegung der Schrift

Für die evangelische Exegese steht z.B. ein für allemal fest, dass das Wort Jesu an Petrus als Fels der Kirche in Mt 16,18f sich ausschließlich auf die Person des historischen Petrus bezieht. Stellvertretend für diese Auslegung sei Eduard Schweizer im Matthäuskommentar zitiert:
"Sein ´Nachfolger` kann also nur die Gesamtgemeinde sein ..." (Kommentar, S.224)
" ...Wohl bleibt Petrus für die Matthäische Gemeinde die Autorität, die Jesu neue Auslegung des Gesetzes tradiert und für das Leben der Gemeinde praktikabel gemacht hat; sein Nachfolger aber ist die Gesamtgemeinde, die im Blick auf seine Tradition in immer neuen Fällen bestimmt, was sündig ist und was nicht..." (Kommentar, S.242)

Was aber Jesus in Mt 18,18 über die Vollmacht der Jünger hinsichtlich der Vergebung sagt, gilt jedoch nicht nur für die damals angesprochenen Jünger, sondern auch für ihre Nachfolger. Hier wird mit zweierlei Maß das NT ausgelegt! Auch ist zu fragen, welchen Sinn ein persönliches Wort an den bereits verstorbenen Petrus haben soll, wenn es letztlich um die Nachfolge der Matthäischen Gemeinde gehen soll? Das hätte sich der Evangelist sparen können, da ja das Anliegen in Mt 18,18 aufgenommen ist.
Weil die biblischen Aussagen nicht nur historisch zu verstehen sind, sondern zugleich Relevanz als heilige Texte haben und Jesus auch in der ev. Theologie neben dem Amt als Priester und König das prophetische Amt innehat, liegt es doch sehr nahe, dass es sich in Mt 16,18f um ein prophetisches Wort handelt.
Die Begründung des Petrusdienstes in der Kirche hat also neutestamentliche Wurzeln (siehe auch Lk 22, 31f und Joh 21,15-17), was bei den ökumenischen Konsensgesprächen inzwischen nicht mehr strittig ist:
"Die neutestamentlichen Aussagen über Petrus zeigen: Die frühe Kirche hat mit der Gestalt des Petrus Funktionen eines Lehr- und Hirtendienstes verbunden, die sich auf die Gesamtheit der Gemeinden beziehen und in besonderem Maße ihrer Einheit dienen. Darin liegt die gegenwärtige Herausforderung, im ökumenischen Miteinander ganz neu über einen gesamtkirchlichen `Petrusdienst´ nachzudenken." (Communio Sanctorum, S.81)
1953 wurde der württembergische Pfarrer Richard Baumann (5.8.1899 - 2.1.1997) nach einem Lehrzuchtverfahren vom Dienst suspendiert, weil er Mt 16,18f als Begründung für die Dauer des Petrusamtes vertrat.

2.8. Die ekklesiologische Würdigung der Gemeinschaft der Heiligen

Wenn es um das Thema "Maria und die Heiligen" geht, wird von vielen ev. Christen immer noch unerschütterlich gesagt:
"Wir brauchen weder Maria noch die Heiligen. Denn wir haben das Evangelium und unseren Herrn und Heiland Jesus Christus."
Dabei wird übersehen, dass zum Volk Gottes die hier Lebenden und die im Himmel Vollendeten gehören.
Schon vor 80 Jahren hat in Edinburgh die Zweite Weltkonferenz für Glauben und Kirchenverfassung (3.8.-18.8.1937) u.a. im Abschlussbericht festgestellt:
"Wir stimmen darin überein, daß die Kirche der Leib Christi ist, die gesegnete Schar (company) aller Gläubigen im Himmel wie auf Erden, die Gemeinschaft der Heiligen." (Die Einheit der Kirche, S.44f)
"Jede Auffassung von der Gemeinschaft der Heiligen, die nur die Kirche auf Erden umfasst, ist mangelhaft." (Die Einheit der Kirche, S.56)
Wie aber kann diese Raum und Zeit umspannende Gemeinschaft der Heiligen im Leben der Christen hier auf der Erde Gestalt gewinnen und welche Bedeutung haben die Vollendeten für uns?

Die im Himmel Vollendeten sind uns als "Wolke von Zeugen" eine Hilfe in unserem Christsein (s.Hbr 121f) . Denn sie bleiben mit uns verbunden und beten für uns, was die Reformatoren auch nicht bestritten haben. In "Communio Sanctorum" wurde gemeinsam festgestellt:
"Mit Origenes darf man bekennen, dass die Heiligen im Himmel für uns eintreten in Erfüllung ihrer Nächstenliebe." (Communio Sanctorum. S.115)
Strittig ist damals wie heute die Meinung, ob wir die Heiligen um ihre Fürbitte für uns bitten dürfen. Das hat die Reformation abgelehnt mit dem Argument, dass nur Gott angebetet werden darf. Denn es wurde damals in der Praxis nicht klar zwischen dem Heil, das Christus für uns erwirkt hat, und der Fürbitte der Heiligen, Maria eingeschlossen, unterschieden.

An die in 1.4. (S.14) bereits zitierte Absolutionsformel des 16.Jh. sei nochmals erinnert, die nicht mehr verwendet wird:
Weit und breit benutzt man diese Absolutionsformel:
"Das Leiden unseres Herrn Jesus Christus, die Verdienste der allerseligsten Jungfrau Maria und aller Heiligen mögen dir zur Vergebung der Sünden gereichen." (Apologie Art. XXI, in: Evangelische Bekenntnisse Bd.1., S.249)

Die heutige kath. Theologie legt großen Wert auf die Unterscheidung zwischen der Anbetung Gottes und der Bitte um Fürbitte. Darum trifft die Kritik der Reformatoren nicht mehr auf die heutige kath. Kirche zu.

Die Bitte um Fürbitte ist zwar für viele ev. Christen unbekannt und gilt darum als typisch katholisch. Sie ist aber in der ev. Liturgie nicht abgeschafft worden. So heißt es am Anfang der Komplet:
"... Darum bitte ich euch, betet für mich zu Gott, unserem Herrn ... Darum bitten wir dich, bete für uns zu Gott, unserem Herrn" (EG 786.2.)

Wenn nun die im Himmel Vollendeten und die noch auf dieser Erde Lebenden eine einzige Gemeinschaft bilden, nämlich die Gemeinschaft der Heiligen, dann sind sie zugleich eine große Gebetsgemeinschaft. Diese geistliche Einheit zwischen der himmlischen und der irdischen Kirche bringt beispielsweise folgende Bitte um Fürbitte zum Ausdruck:
"Darum bitte ich die selige Jungfrau Maria, alle Engel und Heiligen und euch, Brüder und Schwestern, für mich zu beten bei Gott, unserem Herrn."
(Komplet/Stundenbuch, 3.Band, Freiburg 2010, S.692)

In dem bereits zitierten Dokument "Communio Sanctorum" wird festgehalten, dass es auch an dieser Stelle bei vorhandenen Unterschieden keinen theologischen Dissens mehr gibt:
"Nach evangelischem Verständnis vollzieht sich das Gedenken der Heiligen allein im Gebet zu Gott. In der katholischen Kirche kann das Gedächtnis der Heiligen die Gestalt einer Anrufung annehmen, die nur in Christus ermöglicht und von dem Gebet zu ihm unterschieden ist. Sofern diese Bedingungen in Lehre und Praxis eingehalten werden und die alleinige Mittlerschaft Christi nicht beeinträchtigt wird, ist dieser Unterschied nach evangelischem Verständnis nicht kirchentrennend." (Communio Sanctorum, S.116)

Die Einheit zwischen der irdischen und der himmlischen Kirche wird liturgisch am deutlichsten zur Sprache gebracht in der Bitte um Fürbitte. Wer sie ablehnt, muss aber eine liturgische Alternative vorlegen.

2.9. Maria, die Mutter unseres Herrn und Erlösers

Noch immer gibt es das ev. Pauschalurteil:
"Wir Evangelischen glauben an Jesus Christus, die Katholiken glauben an Maria."

2.9.1. Maria in der ev. Kirche

Dass sich diese Meinung in der ev. Kirche herausgebildet hat, hängt natürlich mit der starken und z.T. auch sehr einseitigen Hervorhebung von Maria in der katholischen Spiritualität zusammen. Wenn beispielsweise in der Reformationszeit ein evangelisch gewordenes Gebiet, wie das Eichsfeld, re-katholisiert werden konnte, wurde dies als Sieg Marias über die Ketzer gefeiert. Dadurch musste der Eindruck entstehen, dass Maria "katholisch" ist. Ihre heilsgeschichtliche Stellung als Magd des Herrn, ihr Ja zur Mutterrolle, ihr Lobgesang - das alles hatte dann durch die konfessionellen Streitigkeiten keine Bedeutung mehr für den ev. Glauben.
Außerdem haben die Marien-Dogmen von 1854 und 1950 die innere Abwehr gegenüber der Marien-Verehrung noch verstärkt.

Die ev. Kritik an der Marienverehrung der kath. Kirche kann so formuliert werden:
"Im Namen ihrer Treue zum apostolischen Zeugnis, wie auch im Namen des Respekts und der Zuneigung für die Mutter des Herrn, wenden sie sich mit Macht gegen jedes Bemühen, Maria zu erhöhen, einen Parallelismus zwischen ihr und Christus, wie auch zwischen ihr und der Kirche, herzustellen, indem man ihr Titel verleiht, die sie, in den Augen der Protestanten, eher entstellen

als ihr wahres Gesicht zu zeigen. Sie erkennen in dieser Maria nicht mehr die ´kleine Maria`des Evangeliums, ´unsere Schwester`." (Groupe des Dombes, Maria in Gottes Heilsplan, Nr.114, S.60)

Die ev. Kritik hat jedoch zur Einseitigkeit geführt:

"Durch eine übertriebene Reaktion auf den zu großen Platz, der Maria in der katholischen Frömmigkeit eingeräumt wird, haben sich die Protestanten auf ein Schweigen beschränkt, das nicht nur nicht den römisch-katholischen Glauben respektiert, sondern das auch eine Form der Selbstzensur provoziert, die weder der Position der Reformatoren noch dem Platz Marias in der Heilsgeschichte gerecht wird." (a.a.O., Nr.317, S.140)

2.9.2. Maria in den lutherischen Bekenntnisschriften

An folgende Aussagen aus den luth. Bekenntnisschriften sei darum an dieser Stelle erinnert (alle Zitate aus: Bekenntnisschriften, Berlin 1960, 5.Auflage) :

"Item wird gelehret, dass Gott der Sohn sei Mensch geworden, geborn aus der reinen Jungfrauen Maria ..." (in utero beatae Mariae virginis) (CA III, S.54)

"Ob nu gleich Maria die Mutter Gottes für die Kirchen bittet, so ist doch das zu viel, dass sie sollt den Tod überwinden, daß sie für der großen Gewalt des Satans uns behüten sollt. Denn was wäre Christus not, wenn Maria das vermöchte? Denn wiewohl sie alles höchsten Lobes wert ist, so will sie doch nicht Christo gleich gehalten sein, sondern will vielmehr, daß wir die Exempel ihres Glaubens und ihrer Demut folgen sollen." (Apologie XXI, S.322)

"Daß der Sohn sei also Mensch worden, daß er vom heiligen Geist ohn männlich Zutun empfangen und von der reinen, heiligen Jungfrau Maria geporn sei..." (et ex Maria pura, sancta, semper virgine nasceretur)
(Schmalk.Art. I., S. 414)

"7. Daher glauben, lehren und bekennen wir, daß Maria nicht ein bloßen, pur lautern Menschen, sondern den wahrhaftigen Sohn Gottes empfangen und geboren habe, darumb sie auch recht die Mutter Gottes genennet wird und auch wahrhaftig ist." (Konkordienformel/Epitome VIII, S.806)

"Umb dieser persönlichen Vereinigung und Gemeinschaft willen der Naturen hat Maria, die hochgelobte Jungfrau, nicht ein pur lautern Menschen, sondern einen solchen Menschen, der wahrhaftig der Sohn Gottes des Allerhöchsten ist, geboren, wie der Engel zeuget; welcher seine göttliche Majestät auch in Mutterleibe erzeiget, dass er von einer Jungfrauen unvorletzt ihrer Jungfrauenschaft geboren; darumb sie wahrhaftig Gottes Mutter und gleichwohl eine Jungfrau geblieben ist."
(Konkordienformel/Solida Declaratio VIII, S.1024)

Schließlich dürfen wir Aussagen über Maria in unserem Gesangbuch nicht vergessen:
"Hast in Marien Jungfrauschaft durch deines Heilgen Geistes Kraft angenommen unsre Menschheit aus Genaden." (EG 68,3)
"... der Jungfrau Leib nicht hast verschmäht, zu erlösen das menschlich Geschlecht." (EG 191)

2.9.3. Wie glaubwürdig ist unsere Kritik an der kath. Marienfrömmigkeit?
Unsere ev. Kritik an der kath. Marienfrömmigkeit ist aber solange nicht glaubwürdig, solange Maria trotz der drei Marienfeste unseres liturgischen Kalenders im gottesdienstlichen Leben, von wenigen Ausnahmen abgesehen, keine Würdigung als Mutter unseres Heilandes erfährt.
Die geistliche Aufgabe wäre darum für unsere Kirche, die *" ... vorsichtige Zurückhaltung zu verlassen und Maria den richtigen Platz im Verständnis des Glaubens und im Gebet der Kirche zurückzugeben."* (Groupe des Dombes, Nr.318, S.141)
Es sollte darum offiziell dafür Sorge getragen werden, dass die drei Marienfeste, also Darstellung des Herrn (2.2.), Ankündigung der Geburt (25.3.) und Heimsuchung Mariä (2.7.), wieder in den Kirchengemeinden gefeiert werden. Außerdem wäre es gut, wenn in allen eucharistischen Gebeten Maria Erwähnung finden würde (s. Ergänzungsband zum GD-Buch, S.315).

2.9.4. Die Mariendogmen von 1854 und 1950
Was die beiden Mariendogmen von der unbefleckten Empfängnis (1854) und von der Aufnahme Mariens in den Himmel (1950) betrifft, stellen sie für die ev. Kirche ein Problem dar:
"Denn beide Aussagen haben keine unmittelbare Verankerung in der Heiligen Schrift." (Communio Sanctorum, Nr.257, S.122)
Die fehlende Verankerung in der Schrift als Argument kann angesichts unseres Umgangs mit dem Kriterium "Allein die Schrift" allerdings nicht immer überzeugen. (s. 2.3.)
Was nun das Dogma von 1854 betrifft, ist kritisch zu fragen, ob Gott in seinem Handeln von der Erbsündenlehre der Kirche abhängig sein kann und ob nicht vielmehr die Überschattung Mariens (Lk 1,35) das Anliegen von der unbefleckten Empfängnis Mariens mit enthält. Es reicht doch, von der unbefleckten Empfängnis Jesu zu sprechen, wodurch die einmalige Rolle Mariens in der Heilsgeschichte keinesfalls geschmälert würde. Denn Lk 1,35b bezeugt auch die Sündlosigkeit Jesu.
Das Dogma von 1950 bringt in besonderer Weise zum Ausdruck, dass Maria *"... nach ihrem Tod heimgehen durfte zu ihrem Erlöser."* (Communio Sanctorum, Nr.261, S.124)

Die Unterscheidung zwischen der Himmelfahrt Jesu als *ascensio* und die Aufnahme Mariens als *assumptio* wird oft von den Kritikern übersehen.
Doch diese an sich klare Unterscheidung ist durch den lateinischen Text des NT nicht gegeben. Denn die Aufnahme Jesu in den Himmel wird auch als *assumptio* bezeichnet (s. Novum Testamentum zu 1.Tim 3,16).
Der Vorwurf des Parallelismus zwischen Christus und Maria ist darum von den Begriffen her nicht eindeutig entkräftet. Deshalb wäre es besser, wie die orthodoxen Kirchen, von der Entschlafung Mariens zu sprechen.
Dem Grundanliegen des Dogmas von 1950 kann sich jedoch kein nachdenklicher Christ entziehen. Denn ein Schweigen über die Vollendung Mariens könnte so ausgelegt werden, als wäre für Gott Maria als Gebärerin des Messias nur für eine begrenzte Zeit wichtig. Gott aber handelt nicht nach dem Motto: *"Der Mohr hat seine Arbeit getan; der Mohr kann gehen."*
Das Dogma von der Aufnahme Mariens macht demzufolge anschaulich, dass für Gott der Mensch wichtig bleibt, auch wenn er keine Funktion mehr ausübt, nichts mehr leisten kann und z.B. im Pflegeheim auf den Tod wartet.
Beide Mariendogmen können deshalb mit Wolfgang Beinert so interpretiert werden:
"Das Dogma von der Immaculata wie das Dogma von der Assumpta exemplifizieren auf deutlichste Weise die Überzeugung des PAULUS, dass bei Gott ´bei denen, die ihn lieben, alles zum Guten führt, bei denen, die er nach seinem ewigen Plan berufen hat`(Röm 8,28)"
(Beinert/Kühn, Ökumenische Dogmatik, S. 595).

2.10. Wertschätzung der Liturgie

2.10.1. Der Protestantismus versteht unter Liturgie den Gottesdienstablauf, insbesondere die feststehenden Stücke der Liturgie, also Kyrie, Gloria, Halleluja, Credo, Sanctus und Agnus Dei.
Allerdings gibt es die Meinung, dass *"die Liturgie auch weggelassen werden kann"*, wenn Zeit gespart werden soll oder wenige Christen am Gottesdienst teilnehmen.
Diese protestantische Einstellung hängt damit zusammen, dass die katabatische Dimension der Liturgie, also die Verkündigung, überbewertet wird, während die anabatische Dimension der Liturgie, also die Anbetung, nicht sehr im Blick ist; selbst Lobpreislieder sind oft katabatischen Charakters.
Der Gottesdienst wird darum in der ev. Kirche oft nicht als Feier des Heiles, sondern als eine geistliche Informationsveranstaltung verstanden.
Aus diesem Grund kann für einen Protestanten die Liturgie weggelassen werden.

Wir müssen also wieder lernen, dass die Liturgie *"... in ihrem tiefsten Wesen Vergegenwärtigung und Zuwendung des Heilswerks Christi..."*, also Ort der Begegnung mit Gott ist. (Art. Liturgie, in: Adolf Adam/Rupert Berger, Pastoral-liturgisches Handlexikon, S.314)
Diese Sicht der Liturgie ist nicht auf die kath. Kirche beschränkt. Denn auch in der Ökumene herrscht seit 1963 die Überzeugung:
"Christlicher Gottesdienst als ein Teilhaben an Christi Selbstopfer ist ein Akt, der christliche Gemeinschaft formt und darüber hinaus im Rahmen der gesamten Kirche geschieht, dadurch, daß er die eine katholische Kirche vergegenwärtigt ... Dadurch, daß sich das Volk Gottes der Ordnung des täglichen Gebets unterwirft, sei es des Einzelnen, der Familie oder von Gruppen innerhalb der Gemeinde, wird der Gottesdienst der ganzen Gemeinde gestärkt. So bilden der öffentliche Gottesdienst und der persönliche Gottesdienst des Einzelnen, der Familien oder Gruppen notwendige Teile des umfassenden Dienstes des Volkes Christi und bedingen einander gegenseitig."
(Montreal - Vierte Weltkonferenz für Glauben und Kirchenverfassung, in: Die Einheit der Kirche, S.223f)

Und schon in der ersten Weltkirchenkonferenz für Glauben und Kirchenverfassung in Lausanne 1927 wurde über den Abendmahlsgottesdienst festgestellt:
"Wir stimmen darin überein, dass das Sakrament des Heiligen Abendmahls die heiligste gottesdienstliche Handlung der Kirche ist, eine Feier, in welcher der erlösende Tod des Herrn ins Gedächtnis gerufen und verkündigt wird, und daß dieses Sakrament zugleich ein Lob- und Dankopfer ist und ein Akt feierlicher Selbstdarbringung." (Die Einheit der Kirche, S.42)

Ergänzend zum Abendmahlsgottesdienst hat die 7. Weltkirchenkonferenz in Montreal gesagt:
"Das Herrenmahl ist eine Gabe Gottes an seine Kirche; es ist ein Sakrament der Gegenwart des gekreuzigten und verherrlichten Christus, bis daß er kommt. Es ist ein Mittel, durch das das Kreuzesopfer, das wir verkündigen, in der Kirche wirksam wird." (Die Einheit der Kirche, S.227)

Zusammenfassend gesagt, ist der Gottesdienst das Gebet der Kirche, das sowohl in der Feier der Eucharistie als auch in der täglichen Andacht vollzogen wird. Der äußere Unterschied zwischen beiden Formen besteht darin, dass die Eucharistiefeier immer eine Versammlung gemäß Mt 18, 20 voraussetzt, während das tägliche Gebet auch der einzelne Mensch für sich allein vollziehen kann.
Die beste Form der Andacht ist das Stundengebet, weil es keine weitere Vorbereitung verlangt, als sich Gott zu öffnen.

Die vorgegebenen Hymnen, Psalmen, biblischen Lesungen und Gebete verleihen dem Stundengebet zudem einen objektiven Charakter. Der Leiter des Gebetes muss deshalb sich nicht vor den anderen Teilnehmern als belesener Mensch profilieren, noch muss er sich als kreativ erweisen, der die Mitte schön gestalten kann oder als einer, der beeindruckend frei betet.
Die vorgegeben Bitten können beim Stundengebet aber immer durch freie Fürbitten ergänzt werden, so dass auch Spontanität möglich ist.
Da das Stundengebet nicht abhängig von einer bestimmten Anzahl von Betern ist und darüber hinaus keine Vorbereitung braucht, wäre es eine gute Möglichkeit, es wenigsten sonntags in Kirchen zu beten, wenn auf Grund der großen Pfarrbereiche kein Gottesdienst stattfinden kann.
Beim Stundengebet ist es zudem möglich, Texte zu sprechen, so dass eine sehr gute Singfähigkeit der Anwesenden im Gegensatz zum Taizé-Gebet keine notwendige Voraussetzung darstellt.
Diese Art der Gebetszusammenkunft würde die Kirchengebäude zu geistlichen Orten der Sehnsucht nach Gott, also zu Leuchttürmen, werden lassen.

2.10.2. Was den Gottesdienst als Feier des Heiles betrifft, gibt es in der ev. Kirche folgende Phänomene, die der Feier schaden:
* die Pädagogisierung der Liturgie
* die Privatisierung der Liturgie
* das seltene Abendmahl
* die Unterschätzung der Körperhaltung
* die liturgische Unsicherheit der Gemeinde
* liturgisch ungeklärte “Musikeinlagen”
* die jetzige Form der Gottesdiensteröffnung
* Reduzierung der Lesungen

2.10.2.1. Die Pädagogisierung der Liturgie
Grundsätzlich gilt, dass der Gottesdienst keine Weiterbildung ist, sondern Lob, Anbetung und Verkündigung. Darum schaden ständig erläuternde Worte, warum jetzt dieses und jenes im Gottesdienst geschieht. Solche Anmerkungen machen aus den Anwesenden Schüler, denen man alles immer wieder sagen muss, damit sie es endlich kapieren.
Besteht aber die berechtigte Vermutung, dass bestimmtes liturgisches Grundwissen nicht mehr vorhanden ist, dann sind Gesprächsabende über den Gottesdienst der richtige Ort.
Der Vollzug eines Gottesdienstes als heilige Handlung ist aus sich heraus aussagekräftig genug, auch wenn jemand nicht alles versteht, sofern er spürt,

dass hier etwas ganz Besonderes geschieht.

Ein Kirchenältester aus Authausen/Dübener Heide, Jahrgang 1918, hat mir 1984 erzählt, dass er und seine Kameraden an der Ostfront, wenn sie zur Erholung im Hinterland waren, sonntags sie sich vor die orthodoxe Kirche gesetzt und einfach nur den beeindruckenden Gesängen zugehört haben.

2.10.2.2.Die Privatisierung der Liturgie

Wer einen Gottesdienst leitet, dient Gott und der Gemeinde. Er muss darum persönliche Bemerkungen meiden.

Es ist gut, dass im Gegensatz zur Form B der EKU am Anfang des Gottesdienstes eine Begrüßung der Gemeinde mit eigenen Worten vorgesehen ist. Diese Begrüßung muss jedoch auf eine kurze und prägnante Einführung in den Gottesdienst oder auf das Kyrie ausgerichtet sein. Sie darf keinesfalls zu einer Kurzpredigt ausarten. Völlig falsch ist es, private Dinge der Gemeinde mitzuteilen, etwa wie:

"Als heute morgen mein dreijähriger Sohn an mein Bett trat und fragte: Können wir heute früh baden gehen? musste ich sagen: Das geht nicht, ich habe doch Gottesdienst. Um so mehr freue ich mich, dass Sie heute früh trotz Sonnenschein nicht ins Bad gefahren, sondern hierher gekommen sind. Aber wir hätten natürlich auch im Freibad Gottesdienst halten können, denn wir sind ja nicht an einen bestimmten Ort gebunden."

Die Privatisierung geschieht auch durch spontane Tagesgebete. Das Tagesgebet bezieht sich nicht auf Geschehnisse der vorangegangenen Woche oder auf die anwesenden Gemeindemitglieder, sondern auf die Lesungen des Gottesdienstes.

Bei den spontanen Tagesgebeten geht es oft inhaltlich entweder um Gottes schöne Schöpfung und deren Erhaltung, um die Freude, dass Menschen zum Gottesdienst gekommen sind, oder darum, dass Gott alle Menschen annimmt oder dass Gott groß, wunderbar und der Herr der Welt ist.

Wer mit keinem Wortlaut der drei vorgegebenen Tagesgebete im ev. Gottesdienstbuch zufrieden ist, kann ein eigenes Tagesgebet formulieren, das jedoch dem klaren Aufbau der Tagesgebete folgen und sich auf das Proprium beziehen muss. Es jedoch sprachlich besser zu machen als eines der drei vorgeschlagenen Tagesgebete, beherrscht von tausend Pfarrer höchstens einer. Darum sollte man die Finger davon lassen und dafür bei den Fürbitten mehr Zeit aufwenden, damit sie kurz und prägnant sind und pro Bitte nur ein Anliegen ausgesprochen wird. (Sechs Anliegen reichen aus.)

Grundsätzlich sollte die Gebetssprache im Gottesdienst liturgisch angemessen sein, so dass auch sprachlich die Feier des Heiles deutlich wird.

Ausgesprochen albern ist es, als ein "liturgischer Thomas Gottschalk" aufzutreten mit dem Ziel, dass alles locker zugeht und die Gottesdienstteilnehmer lachen können.

Ebenso ist der Typ eines "liturgischen Reich-Ranitzki" unpassend, der seine umfassende literarische Bildung unter Beweis stellt, in dem er z.B. vor einer Bibellesung ankündigt: *"Ich lese jetzt aus einem Buch, von dem schon Immanuel Kant folgendes gesagt hat..."*

Manchmal gibt es ev. Liturgen, die mit der Aufforderung “Lasst uns beten” nicht zufrieden sind und meinen, diesen Imperativ verlassen zu müssen und dann merkwürdige Formulierungen benutzen wie:

“Wir können beten”, “Wir falten die Hände und beten”, “Wir wollen beten”, “Wir beten.”.

Zu “Lasst uns beten” gibt es keine liturgisch überzeugende Alternative.

2.10.2.3. Das seltene Abendmahl

Inzwischen wird in den ev. Kirchengemeinden das Abendmahl zwar häufiger gefeiert, weil die traditionelle Beschränkung auf die Sündenvergebung in der ev. Theologie überwunden wurde. Dennoch wird dort, wo jeden Sonntag der Gottesdienst von einem Pfarrer/von einer Pfarrerin geleitet wird, nicht wöchentlich Abendmahl gefeiert. Noch völlig fremd ist die Möglichkeit, dass der Pfarrer/die Pfarrerin in Orten, wo sonntags kein Gottesdienst stattgefunden hat, an einem Abend in der Woche mit der Gemeinde Abendmahl feiern kann.

Dass das Abendmahl nicht auf die Sündenvergebung reduziert werden darf, wird zwar allgemein bejaht. Aber noch immer spielt das eucharistische Gebet, das ja diese einseitige Sicht aufbricht, für viele keine Rolle beim liturgischen Vollzug der Feier.

Das Bußgebet unmittelbar vor dem Abendmahl (s. EG/By-Thü, Nr. 707/2) entstand, als noch das Abendmahl im Anschluss an den Gottesdienst gefeiert wurde. Es ist aber inzwischen abschaffungswürdig, weil das Abendmahl Bestandteil des Gottesdienstes ist und alle bei der Eröffnung das Kyrie gesungen haben. Zugleich legt dieses Bußgebet das Abendmahl wiederum einseitig auf die Sündenvergebung fest.

2.10.2.4. Die Unterschätzung der Körperhaltung

Im Protestantismus geistert noch immer die Meinung umher, dass das Äußere nicht besonders wichtig wäre, wozu auch die Körperhaltung im Gottesdienst gezählt wird. Entscheidend sei eben nur die innere Einstellung.

So wie ein schöner Fußboden den Kirchenraum positiv beeinflusst, so unterstreicht die Körperhaltung, dass der Gottesdienst eine heilige Handlung ist. Denn wenn bei den Anbetungsstücken des Gottesdienstes nur gesessen wird, können Ehrfurcht vor Gott und Anbetung Gottes nicht deutlich zum Ausdruck kommen. Das Stehen im Gottesdienst bei folgenden Stücken wie Kyrie, Gloria, Tagesgebet, Halleluja, Evangelium, Credo, Fürbitten, Abendmahlsliturgie, Vater unser und Segen bringt unsere Wertschätzung Gott gegenüber zum Ausdruck.

Vorbildlich ist da die Kirchenagende der SELK, die die Körperhaltung einheitlich geregelt hat, so dass sie nicht von den Vorstellungen oder dem Werturteil der Gemeindekirchenräte/Kirchvorstände oder des zuständigen Pfarrers abhängig ist. Die Altarausgabe der Kirchenagende der SELK ist wegen ihrer großartigen und liebevollen Gestaltung nachahmenswert!

2.10.2.5. Die liturgische Unsicherheit der Gemeinde

Die Kirchengemeinden kennen über Jahrzehnte hinweg beim Ordinarium kaum Varianten. Das hat zur Folge, dass andere Gesänge des Ordinariums Verunsicherung auslöst.

Zum Beispiel verstehen viele Gemeindemitglieder unter dem Kyrie nur das Straßburger Kyrie. (EG 178.2) Für mich ist das Straßburger Kyrie ein"unglückliches" Kyrie, weil es die Form eines Wechselgesangs hat; auch ist die zweisprachige Fassung merkwürdig und enthält zudem einen Vokativ, den es in der deutschen Sprache nicht gibt, so dass viele Gemeindemitglieder statt "Christe, erbarme dich" immer "Christi, erbarme dich" singen; sprachlich korrekt müsste es lauten: "Christus, erbarme dich".

Zwar hält das neue Gesangbuch zum Ordinarium Alternativen bereit. Doch keiner der Leitungsverantwortlichen ist auf die schlichte Idee gekommen, dass die Gemeinden mit dem neuen Gesangbuch, dem EG, auch andere Liedanzeigetafeln benötigen, nämlich mit dreizehn Anzeigemöglichkeiten, die da sind:

Eingangslied, Psalm, Kyrie, Gloria, Wochenlied, Halleluja, Credo, Predigtlied, Lied nach Abkündigungen, Lied vorm Abendmahl, Sanctus, Agnus Dei, Schlusslied.

In den Kirchen aber hängen immer noch die alten Liedtafeln mit maximal sechs Nummernzeilen. Allein dieser Anblick suggeriert, dass keine Varianten beim Ordinarium vorgesehen sind.

Es wäre an der Zeit, grundsätzlich für alle Gemeinden die schon erwähnten längeren Liedanzeigetafeln einzuführen. Dann kann man mit den Ordinariumsgesängen variieren, ohne ständig etwas erklären zu müssen. Diese sollten mit Buchstaben auf jeder Zeile gekennzeichnet sein, damit jeder Gottesdienstbesucher sich gut orientieren kann.

Zum Beispiel: EL.......I für: Eingangslied
Ps........ für: Eingangspsalm
K .... für: Kyrie
G .... für: Gloria
WL ..... für: Wochenlied
H .... für: Halleluja
GL .... für: Glaubensbekenntnis
PL .... für: Predigtlied
A .... für: Lied nach den Abkündigungen
AL... für: Abendmahlslied
S .... für: Sanctus
AD ... für: Agnus Dei
SL .... für: Schlusslied

Solche Tafeln würden den Gottesdienstablauf verinnerlichen helfen und Liedansagen im Gottesdienst überflüssig machen. Sie würden außerdem den flexiblen Umgang mit dem Ordinarium zur Selbstverständlichkeit werden lassen.

Der Ruf nach modernen Gottesdienstformen oder gar nach einer Abschaffung der Liturgie, um dafür mehr Lobpreislieder zu singen, ist verursacht durch die bisherige Einförmigkeit und Langweiligkeit der Ordinariumsgesänge und durch das Sitzen bei Anbetungsstücken. Wenn die Gottesdienstbesucher wahrnehmen können, dass der Gottesdienst eine heilige Handlung ist, wird der tiefe Sinn von Liturgie als Begegnung mit Gott erlebbar.

Um die liturgische Langweiligkeit zu verdeutlichen, soll ein Beispiel reichen: In den unierten Kirchen wird seit Jahrzehnten das Halleluja im 9. Psalmton gesungen, während in den lutherischen Kirchen der 5. Psalmton benutzt wird. Im jetzigen "Gotteslob" gibt es viele Varianten zu den Ordinariumsgesängen, allein 21 Varianten zum Halleluja!

Was in eine falsche liturgische Richtung geführt hat, war die Rede vom "dynamischen Gebrauch der Agende". Statt für gute musikalische Varianten bei den Ordinariumsgesängen gesamtkirchlich zu sorgen, hat der "dynamische Gebrauch" zur Unterschätzung und zur Verachtung der Liturgie geführt. Denn der "dynamische Gebrauch der Agende" hat lediglich eine Reduktion des Ordinariums bewirkt. Die weggelassenen liturgischen Stücke wurden dann durch Erklärungen ersetzt.

2.10.2.6. Liturgisch ungeklärte "Musikeinlagen"

Ein Kennzeichen unserer Zeit ist eine ständige Berieselung durch Musik. Das ist nicht nur eine Missachtung der Musik, sondern wirkt sich auch auf das Verhalten im Gottesdienst aus, nämlich dergestalt, dass während des Orgelvorspiels immer wieder Gottesdienstbesucher miteinander mehr oder weniger leise kommunizieren.

Darum muss gefragt werden:

Welchen Sinn hat z.B. das Vorspiel zum Gottesdienst, wenn kein Einzug erfolgt, wenn also nichts passiert, außer das Musik gehört wird? Was dann auch noch, wie gesagt, zum Schwatzen verleitet.

Mit dem Kirchenmusiker muss auch abgesprochen werden, dass bei einem Einzug das Vorspiel dann zu enden hat, wenn alle Eingezogenen an ihren Plätzen stehen. Ansonsten wirkt das langweilig und nimmt dem Einzug die Würde. Gibt es aber keinen Einzug, ist ein Vorspiel liturgisch überflüssig.

Grundsätzlich reicht vor den Liedern ein kurzes Vorspiel völlig aus. Wer sich als Kirchenmusiker im Gottesdienst unterfordert fühlt, sollte statt dessen regelmäßige Orgelkonzerte anbieten.

Zu lange Vorspiele zu den Liedern bremsen außerdem eine gesunde Zeitökonomie des Gottesdienstes aus.
Es sollte auch darüber Klarheit verschafft werden, dass der Chor im Gottesdienst der Liturgie zu dienen hat und keine Konzertaufführung ist.

Schließlich möchte ich auf den "Porsche-Effekt an der Orgel" hinweisen, also "Vollgas mit Mixtur". In der Regel begleiten die Kantoren die Lieder viel zu laut, so dass der Gemeindegesang übertönt wird. Die Orgel soll dem Gesang dienen und ihn nicht beherrschen. In vielen Gottesdiensten würden die Register "Lieblich gedackt" oder "Flöte" als Begleitung völlig ausreichen.
Diesen Effekt gibt es auch im säkularen Bereich, wenn bei einer Musikgruppe die Bassgitarre und das Schlagzeug den Gesang übertönen und ihn darum akustisch unverständlich machen.

2.10.2.7. Der Eröffnungsteil ist reformbedürftig.
Die Zweiteilung: Vorspiel mit der Eröffnung des Gottesdienstes und dann das Eingangslied mit dem sich anschließenden Kyrie, Gloria und Tagesgebet, ist liturgisch nicht überzeugend. Die Eröffnung in einem Block ermöglicht es, mit kurzen Worten nach "Im Namen des Vaters ..." und gegenseitiger Begrüßung zum Kyrie hinzuführen, so dass das Kyrie nicht unvermittelt im Raum steht und somit plausibel wird.
Die alte Form A in der ApU/EKU war vom Aufbau her überzeugender als die jetzige Form. Das Argument, dass das Kyrie ein Begrüßungsruf und kein Bußruf sei, überzeugt nicht. Denn wenn die Menschen in der Antike den Kaiser mit "Kyrie eleison" begrüßt haben, war das immer auch eine Bitte um Verschonung. Denn der Herrscher hatte die Macht, Urteile zu sprechen.

Auch wäre zu überlegen, ob nicht der Wochenpsalm ein liturgisch größeres Gewicht bekäme, wenn er wie im Missale Romanum seine Stellung als Antwortpsalm nach der alttestamentlichen Lesung hätte.

Es ist übrigens einem Gottesdienst abträglich, wenn er zu einer Matinee verkommt, was immer dann geschieht, wenn ein besonderer Gottesdienst mit mehreren geplant wird und keiner federführend ist. Bei der Vorbereitung einigt man sich auf Kompromisse, so dass jeder etwas einbringt:
ein bisschen Taizé-Gesänge, ein bisschen Psalmodie, das Einreißen einer Schuhkartonmauer oder ein Netz knüpfen, ein Bibliodrama, Auftritt des Kinderchores, Posaunenbläserstücke, eine Umweltschutz-Aktion etc.
Dafür gibt es andere Möglichkeiten in einer Kirchengemeinde, wie Gemeindenachmittage oder Gemeindeabende. Denn für die Qualität eines

Gottesdienstes hängt ganz entscheidend davon ab, dass er *eine* Handschrift trägt und damit eine Patchwork-Liturgie verhindert wird.

2.10.2.8. Ein Wort zu den Lesungen

Nicht selten wird in einem Gottesdienst die Zahl der Lesungen auf eine reduziert. Dennoch dauert der Gottesdienst ohne Abendmahl sechzig und mehr Minuten. Das bedeutet, dass andere Dinge wichtiger sind als die biblischen Lesungen.

Meist wird dann viel zu viel im Gottesdienst geredet, der Kirchenchor hat mehrere Auftritte und ein kleines Orgelkonzert wird auch noch zu Gehör gebracht.

Wenn wir betonen, Kirche des Wortes zu sein, sollte dies auch im Gottesdienst durch die drei Lesungen (AT, Epistel, Evangelium) erfahrbar werden.

Der Pfarrer von Großengottern, Matthias Cyrus, hat mir 2013 erzählt, dass, seitdem er drei Lesungen im Gottesdienst eingeführt hat, die Gottesdienste kürzer geworden sind, dh die Wertschätzung der biblischen Lesungen treibt das falsche Bedürfnis nach freier Rede neben der Predigt aus. Dadurch erhält der Gottesdienst einen starken biblischen Charakter.

Die bisherige Praxis der Predigtreihen ist außerdem überholungsbedürftig, weil es Predigttexte gibt, die offiziell Epistel oder Evangelium sein könnten.

Es wäre darum besser, aus den sechs Predigtreihen zwei Lesereihen, also "Jahr A und Jahr B" zu kreieren, die jeweils aus AT-, Epistel- und Evangeliumslesung bestehen, von denen eine Lesung immer der Predigttext ist, so dass es auch weiterhin sechs Predigtreihen gibt.

Der Vorteil wäre, dass der Predigttext immer als eine der drei Lesungen im Wortteil an der "richtigen" Stelle vorkommt.

Es wäre auch denkbar, wie die Anglikanische Kirche die drei Lesejahre aus dem Missale Romanum zu übernehmen.

3. Nachwort

Wir blicken auf 500 Jahre Reformation zurück. Eine solche große Zeitspanne ist Grund zum Feiern. Doch in den Kirchengemeinden ist keine wirkliche Freude aufgekommen, weil der Zwang zur Einsparung von hauptamtlichen Mitarbeitern und Pfarrstellen und die damit verbundene Vergrößerung der Pfarrbereiche eine schleichende Lähmung und viele Ängste verursacht hat. Wer ist da an der Basis in der Lage, die Reformation als eine Erfolgsgeschichte zu feiern?

“500 Jahre Reformation” erinnert mich ein wenig an die Feier “500 Jahre Hohenzollern”. Auf der offiziellen, also staatlichen Ebene, erhielt dieses Jubiläum mit dem ausgewogenen Werk des Historikers Bernhard Rogge “Fünf Jahrhunderte Hohenzollernherrschaft in Brandenburg-Preußen”, das 1915 erschien, eine angemessene Würdigung. Das Volk war aber von der Sorge um die Angehörigen an der Front völlig in Anspruch genommen, so dass ihm letztlich dieses Jubiläum gleichgültig war.

Es wurden in den letzten Jahren immer wieder Stimmen laut, die eine neue Missionierung in unserem Land gefordert haben. Dazu ist es aber, von Ausnahmen abgesehen, nicht gekommen. Wenn jedoch von erfolgreicher Mission berichtet wird, dann handelt es sich fast immer um ferne Länder.
Dabei ist es schon sehr merkwürdig, wenn z.B. ev. Missionare im katholischen Lateinamerika oder in orthodoxen Kirchengebieten tätig sind und mit Stolz von der Gründung ev. Kirchengemeinden berichten und gar nicht merken, dass sie mit ihrer Mission unreflektiert die Spaltung der Christenheit fortsetzen, während in Deutschland der Rückgang der Mitgliederzahlen mit dem Hinweis auf den demographischen Wandel wie ein Naturgesetz hingenommen wird.
Manche verstehen eben unter der Mission unausgesprochen die Abwerbung im zwischenkirchlichen Bereich im Sinne des kapitalistischen Kampfes um Marktanteile. Darum nimmt man auch sehr gern die Hilfe von Unternehmensberatern an und hofft, mit marktwirtschaftlichen Methoden geistlich erfolgreich zu sein.
Dieses Verständnis von Mission ignoriert die Gespaltenheit der Kirche Jesu Christi. Und mit der halbwahren Losung “Es geht uns ja allein um Jesus” wird das Vorhandensein von Konfessionen einfach übergangen, um die Bekehrten in (freien) Gemeinden der ev. Konfession zu sammeln.

Eine solche Mission kann unser Herr aber nicht wollen. Denn die Frage des Apostel Paulus *"Ist denn Christus zerteilt?"* (1. Kor1,13) gilt erst recht auch uns heutigen Christen. Diese Frage kann von uns nur mit der Liebe zu Christus beantwortet werden, die den Willen zur sichtbaren Einheit einschließen muss, um glaubwürdig zu sein.

Weil die Reformatoren das Wesen der Kirche durch eine Theologie der "reinen Art", nämlich durch den geistigen Sprung über die Kirchen- und Konzilsgeschichte zurück ins NT, definierten, gewannen sie die Überzeugung, dass sie gefeit sind vor dem allzu Menschlichen, womit die Konzile und das Papstamt behaftet waren und sein können.
Dadurch entstand die Illusion, dass dieser Rückgriff auf das NT vor Einseitigkeiten und falschen kirchlichen Entscheidungen von vornherein schützt. Und so wurde das "Simul justus et peccator" in der ev. Kirche immer nur auf die Gesamtheit der einzelnen Christen und nicht auf ekklesiologische Entscheidungsprozesse bezogen. Das erklärt auch die falsche Überzeugung, mit einem "Minimum von Organisation" als Kirche auskommen zu können und ist eine der Ursache dafür, dass der Zeitgeist in der ev. Kirche grundlegende Aussagen der Bibel relativieren kann.
Die Überwindung unseres ekklesiologischen Defizits wird aber ein großer geistlicher Gewinn sein, weil dadurch das, was in der Kirche gelehrt wurde, einen wichtigen Stellenwert erhält und deshalb die Verbindlichkeit gegenüber der Schrift und untereinander gestärkt wird. So kann sich dann auch der Weg zur Einheit in versöhnter Verschiedenheit auftun.

An dieser Stelle möchte ich meinem langjährigen Freund und geistlichen Bruder, Pfr.i.R. Ernst-Hubert Schlimbach, Zwickau, für seine Mitarbeit an dieser Schrift sehr herzlichen danken. Ebenso möchte ich Herrn Wilfried Büchse, Pfr. i.R. der Alt-Katholischen Kirche in Köthen, danken für sein Korrekturlesen und für inhaltliche Hinweise sowie für die Bearbeitung des Textes in eine druckfertig formatierte PDF-Datei.

Pfr. i.R. Traugott Lucke 09337 Bernsdorf, im Dezember 2017

4. Literaturverzeichnis

4.1. Bibelausgaben

Einheitsübersetzung der Heiligen Schrift, Stuttgart 2016,

Novum Testamentum/Graece et Latine, Stuttgart 1962, 25.Aufl.

4.2. Dokumente der Lehrverkündigung

Communio Sanctorum. Die Kirche als Gemeinschaft der Heiligen, Bilaterale Arbeitsgruppe der Deutschen Bischofskonferenz und der Kirchenleitung der Vereinigten Evangelisch-Lutherischen Kirche Deutschlands, Paderborn, 3. Auflage 2005

DH= Heinrich Denzinger, Kompendium der Glaubensbekenntnisse und kirchlichen Lehrentscheidungen/Lateinisch-Deutsch, hg.v. Peter Hünermann, Freiburg, 2001, 39.Aufl.

Dokumente der Orthodoxen Kirchen zur ökumenischen Frage, Band II, hg.v.Außenamt der EKD, Witten 1958

Dialog der Kirchen. Veröffentlichungen des Ökumenischen Arbeitskreises evangelischer und katholischer Theologen, Freiburg 1982ff

Die Bekenntnisschriften der evangelisch-lutherischen Kirche, Berlin 1960, 5., unveränderte Auflage (von 1930)

Die Einheit der Kirche/Material der ökumenischen Bewegung, hg.v. Lukas Vischer, München 1965

Die Interpretation der Bibel in der Kirche, Bonn 2001, 3.Aufl. Verlautbarungen des Apostolischen Stuhls, Nr.115 Hg. Päpstliche Bibelkommission, Rom 1993

Die wichtigsten Symbole der reformierten und katholischen Kirche, hg.v. Ph. Bachmann, Erlangen und Leipzig 1891

Dokumente seit dem Zweiten Vatikanischen Konzil, Freiburg 2015, erweiterte Ausgabe (1966-2013), hg.v. Kongregation für die Glaubenslehre

DwÜ=Dokumente wachsender Übereinstimmung, Band III, hg.v. Harding Meyer, Damaskinos Papandreou, Hans Jörg Urban und Lukas Fischer, Paderborn 2003

Evangelische Bekenntnisse, hg.v. Rudolf Mau, Teilband 1, Bielefeld 1997

Groupe des Dombes, Maria in Gottes Heilsplan und in der Gemeinschaft der Heiligen, Frankfurt/M. 1999

Kleines Konzilskompendium, hg.v. Karl Rahner u. Herbert Vorgrimmler, Freiburg 1968, 5. Aufl.

Neuner-Roos (Hg.), Der Glaube der Kirche in den Urkunden der Lehrverkündigung, bearb. v, Karl Rahner und Karl-Heinz Weger, Regensburg 1971. 9.Auflage
Papst Benedikt XVI., In Gott ist unsere Zukunft, Leipzig o.J. (2011)
Papst Johannes Paul II., Ut unum sint; Denzinger/Hünermann, S.1514-1520
Papst Franziskus, Die frohe Botschaft Jesu, Leipzig o.J. (2012)
Taufe, Eucharistie und Amt. Konvergenzerklärungen der Kommission für Glauben und Kirchenverfassung des Ökumenischen Rates der Kirchen Paderborn 1982
Verfassung der Ev. Kirche in Mitteldeutschland, Eisenach 2008
Vom Konflikt zur Gemeinschaft. Gemeinsames Lutherisch-Katholisches Reformationsgedenken im Jahr 2017, Bericht der Lutherisch/Römisch-Katholischen Kommission für die Einheit, Leipzig 2013

4.3. Liturgische Bücher

Der Große Sonntags-Schott. Für die Lesejahre A-B-C. Freiburg 1975
EG= Evangelisches Gesangbuch (Ausgabe für die EKU), Berlin 1999
EG/By-Thü= Evangelisches Gesangbuch (Ausgabe für die ev.-luth. Kirchen in Bayern und Thüringen, München o.J.
Ein evangelisches Zeremoniale, hg. vom Zeremoniale-Ausschuss der liturgischen Konferenz, Gütersloh 2004
EKG= Ev. Kirchengesangbuch, Ausgabe Berlin 1969
Evangelisches Gottesdienstbuch. Ergänzungsband, Berlin 2002
GL = Gotteslob. Katholisches Gebet-und Gesangbuch Stuttgart 2013/Leipzig 2013
Stundenbuch, 3.Band/Im Jahreskreis, Freiburg 2010

4.4. Sekundärliteratur

A. Adam/R.Berger, Pastoral-liturgisches Handlexikon, Leipzig 1982, 1.Auflage
K.Barth, Die Lehre von der Versöhnung, Kirchliche Dogmatik IV/1. Teil, Zürich 1953
W.Beinert/U.Kühn, Ökumenische Dogmatik, Leipzig 2013

Brockhaus Enzyklopädie, 19., völlig neu bearbeitete Auflage, Mannheim 1986 - 1994

CIG=Christ in der Gegenwart (9.7.2017, 30.7.2017)

Corpus Reformatorum, Bd.27, Halle/S. 1859

Der Sonntag. Wochenzeitung für die ev.-luth. Landeskirche Sachsens, Ausgabe Nr. 37 vom 17.September 2017

Erasmus von Rotterdam, Vom freien Willen, Kleine Reihe V&R 4007 von Vandenhoeck&Ruprecht, hg. von Gunther Wenz, Übersetzung von Otto Schumacher, Göttingen 1998

Herders Theologischer Kommentar zum Zweiten Vatikanischen Konzil, Freiburg, Sonderausgabe 2009, Band 3

U. Kühn, Zum evangelisch - katholischen Dialog, Leipzig, 2005

V. Leppin, Martin Luther, Darmstadt, 2.Auflage 2010

G.L.Müller, Katholische Dogmatik, Freiburg, 5.Auflage 2003

Publik-Forum Nr.15 vom 11.August 2017

E.Schweizer, Das Evangelium nach Matthäus, Berlin 1977, 1.Aufl., (NTD)

F. Stengel, Sola scriptura im Kontext. Behauptung und Bestreitung des reformatorischen Schriftprinzips, Leipzig 2016,

W.Trillhaas, Protestantisches Christentum, in: G.Günther(Hg,) Die Großen Religionen, Göttingen 1961

U.Wilckens/W.Kasper, Weckruf Ökumene. Was die Einheit der Christen voranbringt, Freiburg 2017

Printed by Books on Demand GmbH, Norderstedt / Germany